重点国有林区高质量发展研究

以黑龙江省大兴安岭为例

陈科屹 何友均 王建军 才 琪 著

科学出版社

北京

内 容 简 介

本书以黑龙江省大兴安岭重点国有林区为研究对象，研究在天然林资源保护工程等林业重大生态工程及国有林区改革等重大政策的影响下，重点国有林区在生态保护修复、发展方式转型、"双碳"战略响应等方面的建设成效和制约瓶颈，以及今后优化调整政策的方向。本书主要研究内容包括国有林区高质量发展研究理论体系；国有林区高质量发展评价指标体系构建方法；国有林区发展进程诊断与研判；国有林区多元复合系统耦合协调状态科学识别；国有林区森林固碳增汇成效及潜力评估；国有林区发展障碍深度剖析；国有林区高质量发展有效路径探索等。

本书可供林草建设、生态保护修复、林业经济管理、自然资源管理、林草应对气候变化等领域的管理、科研和教学人员阅读，也可为相关专业大中院校学生、技术人员和企业、林农等利益相关者提供参考。

图书在版编目(CIP)数据

重点国有林区高质量发展研究：以黑龙江省大兴安岭为例／陈科屹等著. -- 北京：科学出版社，2025.6. -- ISBN 978-7-03-082318-2

Ⅰ.F326.273.5

中国国家版本馆 CIP 数据核字第 2025AA7586 号

责任编辑：张 菊 张一帆／责任校对：樊雅琼
责任印制：徐晓晨／封面设计：无极书装

科学出版社 出版
北京东黄城根北街 16 号
邮政编码：100717
http://www.sciencep.com

北京中石油彩色印刷有限责任公司印刷
科学出版社发行 各地新华书店经销

*

2025 年 6 月第 一 版 开本：720×1000 1/16
2025 年 6 月第一次印刷 印张：11 1/2
字数：230 000
定价：138.00 元
(如有印装质量问题，我社负责调换)

前　　言

习近平总书记指出，森林既是水库、钱库、粮库，也是碳库。森林和草原对国家生态安全具有基础性、战略性作用，林草兴则生态兴。国有林区是我国优质林草存量资源的主要载体，做好国有林区林草资源科学保护与合理利用将对全国林草资源保护修复与利用起到示范和引领作用。在现代化强国建设、生态文明建设、美丽中国建设的重要转型期，实现重点国有林区高质量转型发展，对于维护我国生态安全、木材安全，促进区域经济发展，维护社会和谐稳定，落实国家自主贡献（nationally determined contributions，NDCs）等具有重要意义。

新中国成立之初，为满足国民经济建设对木材等森林资源的需求，国家在东北地区、西南地区和西北地区组建了以从事木材采伐与加工业为主体的森林工业型企业，仅东北林区相继成立的森林工业型企业就多达87家。在此基础上，国有林区逐渐形成了相对独立封闭、对内全包全管、对外自成体系的特殊社会区域。由于国有林区长期存在采育失调的情况，包括黑龙江省大兴安岭在内的国有林区普遍在20世纪70年代、80年代逐渐暴露出资源危机、经济危困、生态退化、生活困难等一系列问题。然而，由于受多方面因素的制约，国有林区始终未能从根本上扭转传统发展模式下的不利局面。随着天然林资源保护工程（简称天保工程）等林业重大生态工程的启动，以及全面停止天然林商业性采伐、国有林区改革等重大政策的实施，国有林区的转型发展迈出了坚实步伐。

黑龙江省大兴安岭重点国有林区地处我国纬度最高的边境地区，是国家生态安全重要保障区、木材资源战略储备基地和林草应对气候变化的重要实践区，是最早启动全面停止天然林商业性采伐的国有林区。同时，其也是历史遗留问题最为复杂、持续推动改革深化难度最大的国有林区之一，具有典型性和代表性。本书以黑龙江省大兴安岭重点国有林区为研究对象，基于资源保育、产业发展、企业管理、民生福祉、支撑保障五个系统层构建综合评价指标体系，综合采取文献梳理、调研走访、系统分析、定量评估等方法，在全面诊断研究区发展进程、剖析障碍困境等的基础上，研判国有林区发展形势和方向，并提出针对性的对策建议，以期为巩固国有林区改革成果、促进其高质量转型发展、助力"双碳"目标实现等提供科学依据和决策参考。

出版本书的初衷在于对前期发表的论著进行系统地总结和完善，进一步夯实理论基础，更好地服务科学研究和生产管理实践。全书由八个章节组成，各章主体内容如下。

第一章为绪论。本章概述了本书的基本情况，包括研究背景、研究意义、国内外研究进展、研究区概况、研究核心目标与主要研究内容以及本书的数据来源和主要方法。

第二章为国有林区高质量发展研究理论体系。本章重点梳理和介绍了支撑国有林区高质量发展研究的基础理论，主要包括高质量发展理论、系统耦合理论、区域产业结构理论等，分别从历史背景、思想内涵、核心理念、基本特征和实践意义五个方面展开了论述。

第三章为国有林区高质量发展评价指标体系构建。本章基于高质量发展等理论基础，探究了国有林区高质量发展评价指标体系的建立，旨在为开展国有林区转型发展进程评估和多元复合系统耦合协调状态评价明确技术方法与评价过程，构建的评价指标体系对于了解国有林区转型发展现状以及预判国有林区改革发展趋势具有实践意义。

第四章为黑龙江省大兴安岭重点国有林区高质量发展进程评价。本章基于资源保育、产业发展、企业管理、民生福祉、支撑保障五个系统层，构建了转型发展进程评价指标体系，通过运用熵权 TOPSIS 法（优劣解距离法）对 2000～2020 年的发展进程进行了定量评价，并采用灰色 GM（1，1）模型及政策调节法对 2021～2025 年的转型发展趋势进行了拟合及政策干预，以期科学评价国有林区发展进程并预测其发展趋势，为指导国有林区持续深化改革，促进区域经济协调发展，维护国家生态安全、国防安全、木材储备安全提供决策参考。

第五章为黑龙江省大兴安岭重点国有林区多元复合系统耦合协调状态评价。本章基于含资源保育、产业发展、企业管理、民生福祉和支撑保障子系统的黑龙江省大兴安岭重点国有林区复合系统，采用耦合协调模型对 2000～2020 年国有林区耦合协调发展状况进行了定量评价，并采用灰色马尔可夫模型对 2021～2022 年复合系统耦合协调发展趋势进行了模拟，为推动黑龙江省大兴安岭重点国有林区持续深化改革，促进实现全方位和高质量协调发展提供科学依据与理论支撑。

第六章为黑龙江省大兴安岭重点国有林区森林固碳能力评估及价值实现研

究。本章测算了1998~2018年天保工程对该区域森林碳库的影响，估算了森林植被碳储量和碳密度，并对林区森林植被固碳潜力进行了评估。同时，本章还分析了林区开展林业碳汇价值实现的环境和路径。这些研究对于在全面停止天然林商业性采伐政策背景下指导区域制定应对气候变化对策、有序拓展森林碳汇空间、改善林区生产生活方式、统筹区域生态-经济-社会协调发展具有重要意义。

第七章为黑龙江省大兴安岭重点国有林区高质量发展问题全面诊断与深度剖析。本章首先系统梳理总结了黑龙江省大兴安岭重点国有林区的改革发展措施及主要成就，其次就当前存在的问题进行了全面诊断并对其进行了深度剖析，最后从国家发展、区域发展、行业发展等多维视角分析了新时期国有林区高质量发展面临的机遇。

第八章为黑龙江省大兴安岭重点国有林区高质量发展对策建议。本章立足黑龙江省大兴安岭重点国有林区基本现状与战略需求，基于资源保育、产业发展、企业管理、民生福祉和支撑保障五大系统及其相互作用关系，提出了黑龙江省大兴安岭重点国有林区高质量发展对策建议，以期为研究区林草主管部门和林草资源经营管理执行单位提供决策参考。

本书系中央级公益性科研院所基本科研业务费专项资金面上项目（CAFBB2021MC004）与国家林业和草原局专项研究（500102-1734）的部分成果。在调研走访、数据分析、软件模拟和研究协调过程中，得到了相关单位和人员的大力支持，在此一并致谢。他们分别是中国林业科学研究院林业科技信息研究所原所长王登举研究员、副所长戴栓友高级工程师、副所长叶兵研究员、谢和生副研究员、许单云副研究员、张孝仙助理研究员；北京林业大学王清春副教授；大兴安岭林业集团公司袁卫国副总经理、张立文处长、张军处长、李艳娟处长、苗全忠副处长、张秀荣副处长、赵雨昕副处长。封面图片由大兴安岭阿木尔林业局赞助提供。

项目执行期遭遇新冠疫情，导致实地调研不够全面、研究不够深入，加之研究团队水平有限，书中难免存在不足之处，敬请读者批评指正！

著　者

2024年12月

目　　录

前言
第一章　绪论 ·· 1
　　第一节　研究背景与意义 ·· 1
　　第二节　国内外研究进展 ·· 4
　　第三节　研究目标与内容 ·· 7
　　第四节　数据来源与方法 ·· 9
第二章　国有林区高质量发展研究理论体系 ·· 12
　　第一节　相关概念界定 ·· 12
　　第二节　研究理论基础 ·· 16
　　第三节　理论框架 ·· 39
第三章　国有林区高质量发展评价指标体系构建 ······································ 40
　　第一节　构建逻辑 ·· 40
　　第二节　指标筛选 ·· 41
　　第三节　指标体系及释义 ·· 50
第四章　黑龙江省大兴安岭重点国有林区高质量发展进程评价 ····················· 59
　　第一节　指标权重确定及阶段划分 ·· 59
　　第二节　各系统层发展进程情况 ··· 62
　　第三节　国有林区综合发展进程情况 ··· 66
　　第四节　国有林区发展趋势预测 ··· 68
　　第五节　小结 ·· 70

第五章　黑龙江省大兴安岭重点国有林区多元复合系统耦合协调状态评价 … 72
第一节　耦合关系分析 … 72
第二节　耦合协调模型构建及趋势预测方法 … 73
第三节　系统发展指数分析 … 75
第四节　复合系统耦合协调发展状况分析 … 77
第五节　复合系统耦合协调度趋势分析 … 78
第六节　小结 … 80

第六章　黑龙江省大兴安岭重点国有林区森林固碳能力评估及价值实现研究 … 83
第一节　国有林区森林固碳增汇计量方法 … 83
第二节　天保工程对森林碳库的影响 … 89
第三节　森林碳储量及固碳潜力评估 … 95
第四节　国有林区林业碳汇价值实现研究 … 101
第五节　小结 … 107

第七章　黑龙江省大兴安岭重点国有林区高质量发展问题全面诊断与深度剖析 … 113
第一节　改革发展措施及主要成就 … 113
第二节　问题全面诊断与深度剖析 … 120
第三节　新时期研究区高质量发展面临的机遇 … 128

第八章　黑龙江省大兴安岭重点国有林区高质量发展对策建议 … 132
第一节　着力提升生态系统多样性稳定性持续性，夯实高质量发展资源本底 … 132
第二节　加快推进国有林区产业转型发展，激活高质量发展内生动力 … 139
第三节　更加关注保障和改善民生福祉，筑牢高质量发展稳定基石 … 146
第四节　深入推进国有林区治理体系和治理能力现代化，健全高质量发展四梁八柱 … 149
第五节　全面提升支撑保障能力，营造高质量发展利好环境 … 156

主要参考文献 … 163

第一章 绪 论

国有林区是我国重要的生态功能区，其森林面积占全国森林面积的比例超过15%，森林蓄积量占比超过16%，是我国优质林草存量资源的主要分布区和集中连片分布区。同时，国有林区涉及林业职工超过50万人，是我国推进高质量发展和共同富裕着重关注的特殊区域。在推进现代化强国建设、生态文明建设、美丽中国建设的重要转型期，实现重点国有林区高质量转型发展，对于维护我国生态安全、木材安全，促进区域经济发展，维护社会和谐稳定，落实国家自主贡献等具有重要意义。本章主要概述了本书的基本情况，包括研究背景、研究意义、国内外研究进展、研究区概况、研究核心目标与主要研究内容以及本书的数据来源和主要方法。

第一节 研究背景与意义

一、研究背景

新中国成立之初，为满足国民经济建设对木材等森林资源的需求，国家在东北地区、西南地区和西北地区组建了以从事木材采伐与加工业为主的森林工业型企业，仅东北林区相继成立的森林工业型企业就多达87家。在实行计划经济体制时期，国有林区依靠特殊的地理位置和丰富的资源禀赋，在国家政策制度的支持下迅速发展，资源的非流动性使其逐渐形成了相对独立封闭、对内全包全管、对外自成体系的特殊社会区域。由于长期遭受采育失调的影响，包括黑龙江省大兴安岭在内的国有林区普遍在20世纪70年代、80年代逐渐暴露出资源危机、经济危机、生态退化、生活困难等一系列问题。然而，由于受多方面因素的制约，国有林区始终未能从根本上扭转传统发展模式下的不利局面

（柯水发等，2018）。

  1998年，在长江、嫩江、松花江等江河流域发生的特大洪灾警醒人们，资源危机、生态恶化等问题将直接威胁人民生命及财产安全（王玉芳，2006）。为此，国家先后启动实施了一系列重大生态工程与体制改革措施，重点致力于保障生态安全和维护社会稳定。在生态保护方面，国家于2000年正式启动了天然林资源保护工程，这标志着国有林区由以森林资源"采伐利用"为主向"保护与发展"综合利用的转型发展步入实质阶段。2014年，黑龙江省大兴安岭重点国有林区全面停止了天然林商业性采伐，生态保护力度得到了进一步加强（王玉芳等，2015）。在体制改革方面，面对国有林区暴露出的生产效率低、产权不清晰等诸多弊端，国家启动了一系列改革举措。国家林业局于2004年在东北、内蒙古自治区国有林区确定了五家林业局（黑龙江省森林工业总局汤旺河林业局、鹤北林业局，内蒙古自治区大兴安岭林区阿里河林业局、根河林业局，大兴安岭林业集团公司西林吉林业局）作为森林资源管理体制改革试点局，致力于探索国有林区产业结构优化的新路径。2005年，中国吉林森林工业集团有限责任公司（简称"吉林森工集团"）开展了改制重组。2008年，中国内蒙古森林工业集团有限责任公司（简称"内蒙古森工集团"）开展了政企分开改革。2009年，在伊春国有林区开展了伊春国有林权制度改革。2015年，中共中央、国务院印发了《国有林场改革方案》和《国有林区改革指导意见》，为进一步推进国有林场和国有林区改革指明了方向，这一系列改革措施的实施给国有林区带来了巨大变化。

  经过20余年的持续转型发展，国有林区的区域定位与经济社会发展都发生了深刻变化，引起了不同行业和领域学者的广泛关注。国有林区既是重要的生态功能区，也是历史遗留问题叠加的特殊社区，在政策红利的扶持下，科学判断国有林区改革转型进程、存在的问题以及未来的发展趋势，对于巩固国有林区生态保护与修复成果，维护国家生态安全、木材储备安全，积极响应国家乡村振兴战略和服务"双碳"目标均具有重要意义。

  黑龙江省大兴安岭重点国有林区地处我国纬度最高的边境地区，是国家生态安全重要保障区和木材资源战略储备基地，是最早启动全面停止天然林商业性采伐的国有林区，也是历史遗留问题最为复杂、持续推动改革深化难度最大的国有林区之一，具有典型性和代表性。本书以黑龙江省大兴安岭重点国有林区为研究对象，通过完善评价指标维度，构建了基于资源保育、产业发展、企业管理、民生福祉、支撑保障五个系统层的综合评价指标体系。同时，本书综合运用文献梳理、调研走访、系统分析、定量评估等方法，旨在全面掌握研究区转型发展现状和发展困境。在此基础上，本书分析了大兴安岭重点国有林区的发展趋势，并提出了相应的对策建议，以期为巩固国有林区改革成果、促进其高质量转型发展提供科学依据和决策参考。

二、研究意义

通过了解黑龙江省大兴安岭重点国有林区森林资源、生态建设、森林资源经营体制、森林资源利用等情况，以及其经济转型方向、经济运营效益、经营方式、主导产业和产品，验证黑龙江省大兴安岭重点国有林区的经营效果，理顺国有林区经济转型管理体制，为森林资源的保护与恢复奠定理论基础。针对转型发展过程中发现的突出问题，提出解决对策，实现国有林区改革后时代以森林为主的生态系统整体功能的逐步恢复和增强。同时，在全力推进研究区生态建设的前提下，推动经济顺利转型，实现生态建设、经济转型、民生福祉等多方面协调发展。

（1）理论意义：针对黑龙江省大兴安岭重点国有林区生态建设、经济转型、民生保障等多方面协调发展，本书建立了一套评价指标体系，并提出了相应的理论模型。这一方法能够克服单项孤立研究存在的局限性，探讨多元目标协调实现的可能性，为相关国有林区可持续发展、生态和经济协调发展以及相互作用关系的研究提供一种分析思路。同时，它还能为资源依赖型地区在生态文明建设、产业转型发展和民生福祉提升等方面协同共进提供研究成果。

（2）实际意义：当前，国有林区正面临着如何实现高质量发展与高水平保护相统一的重大问题。本书根据实证研究的结果对当前黑龙江省大兴安岭重点国有林区的发展现状进行分析评价，有助于为黑龙江省大兴安岭重点国有林区生态建设、经济转型等提供具有较强针对性的对策建议，进而为推动黑龙江省大兴安岭重点国有林区实现生态建设、经济转型、民生福祉等多元素协调发展提供决策参考。

第二节　国内外研究进展

一、国有林区转型发展研究进展

目前，有关国有林区转型发展的研究主要涉及国有林区的经济转型（周妹，2017）、产业转型（翟绪军等，2020）、社会转型（李朝霞，2014；朱洪革等，2021）、文化转型（郭岩，2017）、体制转型（高旭和刘艳，2020）等方面。王玉芳和徐永乐（2014）采用主成分分析法从经济、社会、资源指标测算了生态功能区建设下国有林区产业转型的效果。朱震锋等（2016a）利用面板数据建立了DEA模型，并基于效率视角对国有林区经济转型发展动力进行了分析。朱晓柯和万志芳（2019）采用变异系数法及灰色系统GM（1，1）预测模型分析了林业生态、产业和民生系统指数及2017~2020年的系统耦合协调水平。曹娟娟和王玉芳（2020）利用熵值法测算了森林工业型企业在经济发展、社会和谐发展及生态保护能力三个维度的转型能力。李朝洪等（2020，2021）基于熵权的TOPSIS模型分别分析了产业转型绩效的驱动与障碍因素以及天保工程在资源、产业、社会系统的绩效。研究结果表明，国有林区总体呈现持续向好的发展态势，生态系统持续退化的趋势已基本得到有效遏制，经济社会可持续发展能力也得到了一定提升，但仍面临着产业结构失调、社会矛盾突出等问题。总体来看，现有研究多集中在经济、产业等方面，多以单一视角对国有林区的发展进程进行研究，且评价视角多集中在耦合协调性、效率、绩效等方面，而着眼企业管理及支撑保障能力评价分析的文献不足，缺乏多层次的综合性研究，对国有林区未来发展趋势及政策干预的研究也相对较少。当前，国有林区面临的发展形势依然严峻，制约国有林区生态、民生和经济的深层次体制问题有待进一步解决。随着国有林区改革发展的不断深化，一些问题和矛盾可能再次暴露，亟须加强相关理论研究。

二、国有林区协调发展研究进展

协调发展是可持续发展思想的核心内容，也是新发展理念的重要组成部分。

所谓协调，即正确处理系统组织内外各种关系，系统内部各子系统能够通过信息、能量和物质交换相互配合，使整个系统综合功能超过各子系统之和，形成更加有序的系统（顾培亮，2008）。国外学者开始关注协调发展问题的时间较早，涉及经济学（Lipton and Jarrett，1968）、地理学（Becken，2005）、生态学（Pickett et al.，1997）、社会学（Adams et al.，2003）、医学（Hungelmann et al.，1985）和材料学（Guillet，1974）等多个学科领域。随着国有林区转型发展进程的持续推进，近年来已有部分学者开始关注国有林区的协调发展问题，主要围绕生态建设与经济发展（李朝洪和赵晓红，2019；赵晓红，2019；郝立丽等，2021）、生态保护与民生保障（秦会艳等，2018；秦会艳等，2020）等两两之间的协调关系开展研究，涉及协调发展的关联因子、干扰因素和优化路径等方面。王玉芳（2006）认为市场、政策失效影响着经济与生态之间的协调，技术是解决经济与生态协调的主要手段；李朝洪等（2020）认为国有林区是生态和经济相互作用、相互依赖、相互制约的复杂系统。部分学者从生态、经济和社会三个方面的协调发展状况对国有林区发展情况进行了研究。马文学（2012）研究发现伊春国有林区生态、经济和社会之间的协调关系具有明显阶段性，在不同发展时期其协调度和协调机制不同；朱晓柯和万志芳（2019）认为三元系统耦合协调水平的变化与二元耦合协调水平密切相关，在黑龙江省国有林区，生态-产业二元耦合系统和生态-民生二元耦合系统是制约三元系统耦合协调水平的主要因素。多数学者研究结果表明，我国国有林区协调发展状况总体上呈现持续向好态势，已有研究成果为进一步研究国有林区耦合协调发展提供了理论和实践参考。然而，现有研究缺乏对作为国有林区森林资源保护发展主体的森林工业型企业自身建设的关注以及对林区基础设施建设等支撑保障状况的考虑，将两者作为独立系统层与生态经济社会相结合，探究其作用关系和运行规律的研究还鲜见报道。如果国有林区缺乏高效有为的经营管理主体和坚实强大的基础支撑保障能力，最终将会影响国有林区生态、经济和社会协调发展状况。尤其是2020年之后，黑龙江省大兴安岭重点国有林区已顺利通过国家改革验收，组建了新的大兴安岭林业集团公司，结束了黑龙江省大兴安岭地区56年政企合一的管理体制。站在新的历史发展阶段，牢牢把握国家战略定位，黑龙江省大兴安岭重点国有林区的发展面临着新的形势和要求。

三、国有林区森林固碳增汇研究进展

国有林区是天然林资源保护工程的重点建设区域，也是天然林商业性禁伐政策背景下中国开展固碳增汇行动的重要场所。科学评估天然林资源保护等重点生态工程对该区域森林植被固碳增汇的影响，对于量化天然林保护工程对区域森林生态系统碳循环作用、指导区域持续提升森林固碳增汇效益，以及统筹区域生态-经济-社会协调发展具有重要意义。关于区域尺度森林碳储量、碳汇量的评估一直是学者们研究的重点问题（Haywood and Stone，2017；Wang et al.，2020；张颖等，2022；Neumann et al.，2023），相关研究可追溯至20世纪50年代、60年代，近年来随着全球生态治理力度的持续加大，这一问题逐渐成为学者们关注的焦点。研究内容主要涉及区域尺度森林碳汇的计量与监测、影响机理分析和潜力预测等方面（Yao et al.，2018；Green and Keenan，2022；刘迎春等，2019）。常用的估测方法包括森林清查法、遥感监测法、通量观测法、模型模拟法等（赵苗苗等，2019）。从实践情况来看，各类方法均有各自独特的优势和适用范围，彼此均无法替代各自的作用。目前，已有部分学者针对天然林资源保护工程的固碳效益问题进行了专门的评估研究。这些研究主要集中在森林碳储量或者生态系统服务价值方面（Jiang et al.，2018；郭焱等，2015；范琳，2019），或者是从全国尺度上进行宏观评估（Zhou et al.，2014；张逸如等，2021）。同时，各项研究采用的方法不同，加之森林生态系统在空间上的异质性和天然群落在演替上的复杂性，森林植被碳储量、碳汇量的估算结果存在很大差异性和不确定性，因此有必要进一步深化上述相关研究。黑龙江省大兴安岭重点国有林区生态区位特殊且重要，以往从宏观大尺度上得出的研究成果对于指导该区域开展具体工作缺乏针对性。另外，以往的测算方法较少将森林固碳效益与天然林资源保护工程措施活动进行充分联结，对树种、龄组等森林资源调查统计信息的运用不够充分，对于天然林资源保护工程实施过程中导致的碳排放、碳泄漏等过程也缺少考虑，而碳排放、碳泄漏可能会严重削弱其固碳效益（Magnani et al.，2009），使得估测结果存在较大的不确定性。此外，国有林区社会网络结构通常较为复杂，涉及中央政府、地方政府、林草主管部门、国务院国有资产监督管理委员会、森林工业型企业、林业职工和当地居民等多元主体，历史遗留问题多，相关的对策建议不能简单套用其他区域研究得出的经验和模式。因此，有必要基于森林固碳增汇现实状况，并结合当地的林情、社情以及国有林区改革发展进程，提出具有较强针对性的对策建议。

第三节 研究目标与内容

一、研究区概况

黑龙江省大兴安岭重点国有林区地处中国纬度最高的边境地区（介于121°10′53″E～127°01′21″E，50°07′02″N～53°33′42″N），是松花江等重要河流的发源地，也是东北地区陆地自然生态系统的主体之一，在维护区域生态平衡方面发挥着至关重要的作用。其具体范围涉及大兴安岭林业集团公司（原大兴安岭林业管理局）所辖的林区，包括10个林业局和8个国家级自然保护区。林区属寒温带大陆性季风气候，年平均气温为-2℃。年均降水量为460mm，集中在7～9月。森林土壤类型主要有棕色针叶林土、暗棕壤、灰黑土、草甸土、沼泽土等。自然植被类型为泛北极植物区系欧亚森林植物亚区寒温带针叶、落叶林区域，主要树种包括落叶松（*Larix gmelinii*）、白桦（*Betula platyphylla*）、山杨（*Populus davidiana*）、蒙古栎（*Quercus mongolica*）、樟子松（*Pinus sylvestris var. mongolica*）、黑桦（*Betula dahurica*）等。

二、研究核心目标

以黑龙江省大兴安岭重点国有林区为研究区，基于准确把握新发展阶段、积极贯彻新发展理念、主动融入新发展格局的定位，完成以下研究目标，为研究区更好地发挥维护国家生态安全、生物安全、木材安全、粮食安全、国防安全，积极应对气候变化以及保障社会和谐稳定的作用提供理论依据和决策参考。

（1）结合国内外学者提出的与高质量发展相关的评价指标体系，构建涵盖生态保护、经济转型和社会发展等内容，适用于评价国有林区高质量转型发展的评价指标体系。

(2) 全面诊断黑龙江省大兴安岭重点国有林区在转型发展期间的发展变化情况，科学研判转型发展的进程，合理预测转型发展的趋势。

(3) 科学识别黑龙江省大兴安岭重点国有林区在生态保护、经济转型、社会发展等方面的耦合状态，为促进多元要素优化耦合找准方向。

(4) 科学评估黑龙江省大兴安岭重点国有林区森林固碳增汇的成效及潜力，为提升生态产品供给能力、完善碳汇交易机制，以及制定差异化碳中和行动方案提供决策依据。

(5) 梳理总结黑龙江省大兴安岭重点国有林区转型发展成效，以及转型发展过程中的有益做法和典型经验，深度剖析改革发展过程中的关键性、瓶颈性问题。

(6) 基于上述相关诊断、分析、研判和预测结果，提出兼顾生态保护、经济转型、社会发展等多要素的高质量发展有效路径和对策建议。

三、主要研究内容

（一）高质量转型发展指标体系的构建

在现代林业理论、系统学理论、林业经济学、生态经济学、可持续发展等理论的指导下，遵循科学性、实用性、全面性、代表性、可操作性、数据可获得性等原则，根据黑龙江省大兴安岭重点国有林区的现实发展情况，参考国内外学者提出的与高质量发展相关的评价指标体系，结合现有研究文献中的惯用指标，从生态保护、经济转型和社会发展等多个层面构建符合该地区的高质量转型发展评价指标体系。

（二）转型发展进程的科学研判

全面诊断黑龙江省大兴安岭重点国有林区转型期间的发展变化情况，综合评价该地区的转型发展动态，掌握该地区的发展现状，合理研判其演变方向，科学推测其发展结果，为进一步推进黑龙江省大兴安岭重点国有林区的转型发展提供有效的基础支撑。

（三）生态经济社会协调形态的科学识别

国有林区高质量发展的基础是实现生态保护、经济转型、社会发展等多元要素的高效协调,它们既相互联系又相互独立,既相互支持又相互制约,多元要素之间具有系统耦合的现实基础。同时,生态保护、经济转型、社会发展耦合的具体形态会因不同的时空状况而表现出不同的耦合形态,科学识别国有林区生态保护、经济转型、社会发展的耦合状态,促成多元要素耦合,有助于强化系统的整体功能,为国有林区转型振兴选择适合、最优的发展模式。

(四)森林固碳增汇成效及潜力的科学评估

科学评估天保工程对实施区域森林碳汇、碳源特征的影响,将天保工程实施过程中的人工造林、森林抚育、木材调减、森林巡护等经营管理活动产生的影响纳入核算过程。采用材积源生物量法对其森林植被碳储量和碳密度进行测算。运用空间代替时间法,并结合林区植被生态区划情况和地带性顶级群落类型,对林区森林植被固碳潜力进行评估。

(五)转型发展障碍的深度剖析

结合上述对国有林区转型发展进程的科学研判情况,以及生态经济社会协调形态的识别结果,系统回顾国有林区转型发展历史情况,总结转型发展过程中的有益做法和典型经验,深度剖析现阶段国有林区转型发展存在的关键性、瓶颈性问题。

(六)高质量转型发展的有效路径

按照新时期全国经济社会发展的新形势、新格局和新要求,结合黑龙江省大兴安岭国有林区完成改革后一段时期的发展新需求,持续探索和优化符合生态保护、经济转型、社会发展要求的高质量发展有效路径,并提出相关的对策建议。

第四节 数据来源与方法

一、数据来源

本书数据通过《中国林业和草原统计年鉴》、《黑龙江统计年鉴》、大兴安岭林业集团公司及相关单位内部资料、全国森林资源清查资料、中国林业信息网以及现场调研等来源收集和整理得到。其中，森林覆盖率、森林蓄积量等源于全国森林资源连续清查数据的指标，每五年清查一次，因此发布年之外其他年份的数据采用线性插值法进行补充。

二、研究方法

（一）归纳与综合分析法

通过期刊、年鉴、互联网等信息数据库，梳理整理与研究相关的资料，为本书奠定基础。一是查阅国内外相关文献，掌握有关生态公益林建设、接替产业发展、国有林区管理体制改革、林区可持续发展评价、林业高质量发展等方面的最新研究成果。二是查找现代林业理论、系统学理论、林业经济学、生态经济学、可持续发展等理论，为本书提供理论基础。三是收集相关统计数据，为本书提供数据支撑。

（二）系统分析法

本书将黑龙江省大兴安岭重点国有林区作为一个整体系统，以系统科学的思想为指导，分析生态保护、经济转型、社会发展的各种因素，探究系统内各组成部分之间的相互关系及其客观运动规律和机理，明确与系统有关的要素同实现系统目标之间在运动和发展中的关系，通过提供系统完整的可靠资料，形成多种方案，进而选择最优实施方案。该方法是本书的主要方法，贯穿全文。

（三）定量分析法

在遵循客观性、完整性、稳定性和有效性等普遍性原则的基础上，同时满足科学性和可操作性相统一、全面性和重点突出性相统一、可比性和可靠性相统一以及相对独立性等原则，通过选取生态保护、经济转型、社会发展研究使用频率较高的测度指标，并结合国有林区的实际特点，构建高质量发展评价指标体系。本书采用主成分分析法和因子载荷分析法确定各指标的权重值。同时，采用离散系数来反映生态保护、经济转型、社会发展的耦合度，再结合耦合协调度模型反映国有林区生态保护、经济转型、社会发展的耦合发展水平。

三、技术路线

本书技术路线图如图 1-1 所示。

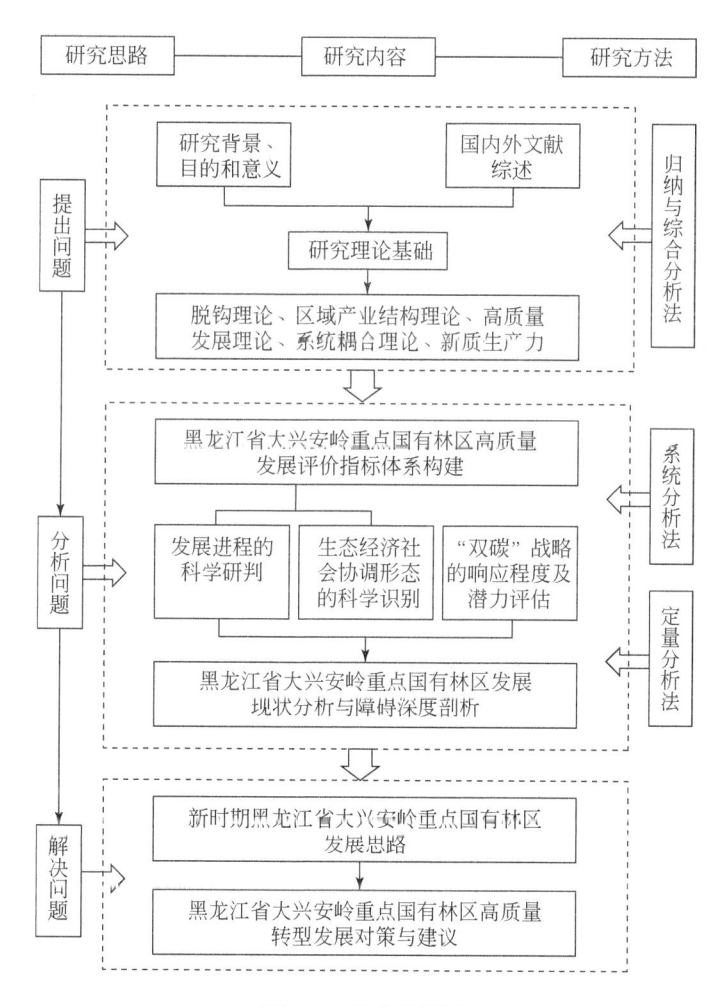

图 1-1　技术路线图

第二章 国有林区高质量发展研究理论体系

国有林区开发初期执行"边生产、边建设""先生产、后生活"的方针，随后逐渐发展成为兼具生产经营与基本公共服务等功能的特殊区域，其在"因林而兴"的快速发展过程中，也附带造成了产业结构极其单一、林区职工生活困苦、基础设施建设滞后、体制机制矛盾凸显等诸多问题，林区自身发展面临重重困难，成为实现东北全面振兴的薄弱环节。推动国有林区高质量发展既面临生态问题、经济问题，也面临社会问题、政治问题，要求处理好局部与整体、近期与远期、宏观与微观、需求与可能等一系列关系。本章将脱钩理论、区域产业结构理论、高质量发展理论、系统耦合理论及新质生产力理论作为理论基础，分别从历史背景、思想内涵、核心理念、基本特征、实践意义五个方面进行阐述。

第一节 相关概念界定

一、系统层

系统层作为达到研究目标的不同维度，是多个相似代表含义的指标集合。可通过熵值法、专家打分法、熵权 TOPSIS 法、层次分析法等研究模型，确定不同指标在同一个系统层的权重，从而明确不同系统层在综合评价的指标中占据的重要性，以及不同评价主体之间相同系统层所处的不同阶段、重要程度及存在的不足等。

本书选择资源保育、产业发展、企业管理、民生福祉及支撑保障系统层五个维度综合评价黑龙江省大兴安岭重点国有林区在高质量发展目标中不同年份所处的不同发展阶段、存在的问题及与高质量发展目标之间的差距。其中，资源保育系统层代表大兴安岭重点国有林区以林业资源为主的综合生态现状；产业发展系统层代表大兴安岭重点国有林区以林业产业为主的产业结构；企业管理系统层表示以国有林区森林工业型企业为代表的组织管理机构，反映国有林区的运营管理情况；民生福祉系统层是反映国有林区职工及居民生活状况的重要组成部分，选择收入、保险及医疗等指标代表民生保障情况；支撑保障系统层主要包括国有林区内桥梁、道路等基础设施硬件保障，以及科技、人才、森林保护等软性支撑能力。从以上五个系统层进行评价，更具有代表性、针对性以及系统全面性。

二、高质量发展进程

中国共产党第十九次全国代表大会首次提出了高质量发展的表述。在2022年中国共产党第二十次全国代表大会开幕会上，习近平总书记提出，高质量发展是全面建设社会主义现代化国家的首要任务。在促进区域协调发展方面，党的二十大报告提出，深入实施区域协调发展战略、区域重大战略、主体功能区战略、新型城镇化战略，优化重大生产力布局，构建优势互补、高质量发展的区域经济布局和国土空间体系，推动东北全面振兴取得新突破。其中，高质量发展的主要特质及评价标准是供给和需求更加平衡、资源要素配置更加高效、经济结构更加优化、收入分配更加公平、人民生活更加美好。

本书在黑龙江省大兴安岭重点国有林区内，按照高质量发展的标准，评价不同年份国有林区的发展进程，采用熵权TOPSIS法，从代表资源要素配置更加高效的资源保育系统层、代表经济结构更加优化的产业发展系统层、代表供给和需求更加平衡的企业管理系统层、代表收入分配更加公平的民生福祉系统层，以及代表人民生活更加美好的支撑保障系统层五个维度，综合评价国有林区所处的不同发展阶段，发展阶段分别为止步不前、有所起色、初见成效、成效明显及良性发展五个阶段。

三、复合系统耦合协调度

复合系统耦合协调度包括复合系统、系统论、耦合、协调发展及耦合协调度五个维度的含义。其中，复合系统具备自然系统和人造系统双重特点；系统论是指由可以相互作用、相互依赖、相互制约的若干组成部分组成的有机体；耦合是物理学概念，最初指电路元件在输入和输出时产生的相互影响的现象，后来其应用领域逐渐扩大，现指不同系统、部分或要素之间相互关联和相互作用的程度，它描述了系统内部和系统之间的相互依赖性和影响力；协调发展是指在经济和社会发展中，实现不同领域、不同区域之间的协调与平衡发展，它强调各个领域、各个地区之间相互促进、协同发展，以达到整体发展的最佳效果；耦合协调度是指系统内部和系统之间的耦合作用达到一种平衡状态的程度，它体现了系统各要素之间的协调性和协同性。系统的耦合协调度表现为内外耦合的平衡状态。当内外耦合协调时，系统要素协同运作，信息流畅通达，运行稳定高效；反之，若出现内外耦合失衡（过强、过弱或失谐），则易引发信息迟滞与系统冲突，导致运行效率降低及稳定性下降。当系统内部各要素之间的耦合程度适度、平衡，并与外部系统的耦合形成良好的协调关系时，系统具有较高的耦合协调度，这种状态下，系统各要素之间相互配合，信息流动顺畅，系统整体运行更加稳定和高效。当系统内部各要素之间的耦合程度过高或过低，或者与外部系统的耦合失衡时，系统的耦合协调度较低，这种状态下，系统可能会出现信息传递延迟、冲突和不协调，导致系统运行不稳定、效率低下。

本书同样是从资源保育、产业发展、企业管理、民生福祉及支撑保障五个系统层出发，采用耦合协调度模型分析系统层之间的耦合协调性，并采用GM(1，1)模型分析国有林区未来的耦合协调度发展趋势。按照高质量发展的目标，国有林区各系统层之间存在耦合或失调状态，耦合协调度分为极度失调衰退、严重失调衰退、中度失调衰退、轻度失调衰退、濒临失调衰退、勉强协调发展、初级协调发展、中级协调发展、良好协调发展及优质协调发展10个类型。

四、森林固碳增汇成效

森林是陆地生态系统最大的有机碳库，在地球气候系统中扮演着非常重要的角色，在全球碳平衡中发挥着重要作用。森林固碳是指森林植物吸收大气中的二氧化碳并将其固定在植被或土壤中的过程和活动。森林固碳作用可以划分为直接固碳作用和间接固碳作用。森林直接固碳是指森林中树木固碳、林下植物固碳和土壤固碳。森林间接固碳包括两个方面，即森林林产品固碳以及林产品替代其他材料带来的其他材料生产过程中能源的节约和二氧化碳排放的减少。碳汇是指通过植树造林、植被恢复等措施，吸收大气中的二氧化碳，从而降低温室气体在大气中浓度的过程、活动或机制。碳源与碳汇是两个相对的概念，碳源是指自然界中向大气释放碳的母体，碳汇是指自然界中碳的寄存体。森林生态系统既可以作为碳汇（光合过程）吸收固定二氧化碳，也可以作为碳源（呼吸和干扰过程）排放二氧化碳，从而对大气中的二氧化碳浓度和气候变化产生影响。发展森林碳汇是绿化祖国、践行"两山"理念的重要措施，高质量发展对于推动实现"双碳"目标以及推进生态文明、美丽中国建设具有重要作用，是具有生态、经济、社会等多重效益的有效措施。

本书以黑龙江省大兴安岭重点国有林区为研究对象，该区域是我国森林资源的富集区，也是我国落实碳中和行动的重要实践场所。通过研究重大生态工程对该区域森林碳库的影响，测算森林植被碳储量和碳密度现状，并预估其固碳增汇潜力，进而有效评估重大生态工程及相关森林管护经营活动对森林固碳增汇的作用，可为在全面实施天然林商业禁伐政策背景下指导区域制定应对气候变化的对策、有序拓展森林碳汇空间、改善林区生产生活方式、创新林业碳汇价值实现路径、统筹区域生态–经济–社会协调发展提供基础数据。

五、脱钩目标下的新质生产力

新质生产力是相对于传统生产力而言的，它以创新为核心驱动力，融合了新兴技术和先进理念，具有创新性、融合性、高效性和可持续性等特征。脱钩（decoupling）通常是指两个或多个事物之间原本存在的紧密联系被切断或减弱的情况。在经济领域，脱钩的主要目标是试图打破经济增长对资源过度依赖以及对环境造成破坏的传统模式，实现将经济增长与资源、环境因素脱钩。两者都是为了让经济发展更加符合人类社会的长远利益，实现经济、社会和环境的和谐共生。发展新质生产力有助于推动脱钩的实现，其发展过程中会带来生产方式的变革和技术的进步，能够提高资源的利用效率，减少对环境的负面影响，从而促进经济增长与资源消耗、环境污染之间的脱钩。脱钩需求有助于激发新质生产力的发展，在面临资源约束和环境压力的情况下，传统的生产力发展方式难以满足可持续发展的要求，促使人们加大科技创新投入，培育新的产业和动能，推动生产要素的创新性配置和产业的深度转型升级，以催生新质生产力突破发展瓶颈。

黑龙江省大兴安岭重点国有林区长期依赖森林采运相关产业，面对生态保护和经济社会转型的多重压力，亟须通过发展新质生产力推动脱钩进程。本书希望通过重构研究区生态经济体系，推动传统林区伐木经济向碳汇交易、林下经济、森林康养旅游等绿色产业跃升，依托寒温带针叶林资源建立生态价值链，实现产业链从单一采伐向林木-林菌-林药-林游立体循环延伸；以数字技术赋能林业转型，构建空天地一体化监测系统，精准管理森林资源，运用现代林业理论优化抚育方案，提升碳汇能力；同步培育新型林业人才体系，攻关寒地林业创新关键技术，探索创新发展无人机监测巡护、生态大数据等新业态。这一转型将面临传统劳动力技能升级、生态保护与发展的动态平衡等挑战，但通过技术创新与制度突破的双轮驱动，可提升资源利用效率、构建可持续发展模式，最终实现经济增长与资源环境消耗的深度脱钩，为国有林区提供创新改革和生态价值实现的样板典范。

第二节　研究理论基础

一、脱钩理论

（一）历史背景

脱钩理论主要用于物理学领域，中国物理学家一般翻译为解耦。近年来，经济合作与发展组织（OECD）将脱钩的概念引入农业政策研究，并逐步拓展到环境等领域。20世纪末，OECD（2002）提出的形容阻断经济增长与资源消耗或环境污染之间联系的基础理论，也是经济发展与资源环境关系研究的一个重要工具。OECD国家非常重视脱钩理论的研究与应用工作，希望通过整合能源、运输、农业及制造业等各部门的相关政策，使得经济增长及其所带来的环境负荷可以实现脱钩，同时建立了一套基于驱动力-环境压力-环境状态（driving force-pressure-state，DSR）等层面的指标体系，用以测度经济发展与物质消耗投入及环境压力之间的脱钩状况，进一步提出了相对脱钩（relative decoupling）与绝对脱钩（absolute decoupling）的概念。20世纪90年代，德国学者就已经向全球提出了资源消耗与经济增长的脱钩目标——四倍数革命（von Weizscker et al., 1997），即在2050年前用当前一半的资源消耗创造出双倍的财富，而学者

Schmidt-Bleek（1993）则针对发达国家提出了更高的脱钩目标——十倍数革命。OECD 将其 30 个成员国 39 个指标作为其环境与经济脱钩的整体代表得出 OECD 国家总脱钩率约为 52%。

（二）思想内涵

脱钩分析是资源环境领域用于探究区域经济增长与资源环境消耗之间背离关系及评估区域资源环境利用进程等的重要手段。OECD 认为脱钩是打破环境危害与经济财富之间、环境压力与经济绩效之间联系的动态过程，深刻反映了经济增长与资源消耗间依赖关系的动态变化，并被认为是一个国家或地区从"黑色经济"向"绿色经济"过渡的必要内容；从资源型经济转型的视角来看，脱钩又意味着通过努力克服环境压力、突破"资源诅咒"，最终实现经济发展模式转变及经济绩效的可持续增长。

（三）核心理念

随着越来越多的国家开始追求绿色、循环经济发展模式及资源依赖型国家迫切希望摆脱"资源优势包袱"并实现经济转型，脱钩研究已经从最初观测和探究西方发达国家经济发展与资源环境消耗的关系变化，逐步拓展成为当前包括市场发育程度尚不完善的发展中国家在内的诸多地区主动探寻如何克服资源环境保护与经济持续增长双重压力的重要依据。国内最近几年有关资源环境经济领域的脱钩研究才开始逐渐增多，主要集中在经济增长与能源消费（王崇梅，2010；王虹，2010）、碳排放（周银香，2016）、资源消耗（盖美等，2013）、耕地占用（张文斌等，2013）及水资源利用（吴丹，2016）等方面，且侧重脱钩状态测定及脱钩轨迹的变化研究。

（四）基本特征

脱钩研究在市场经济相对成熟的发达国家应用较为成熟，研究重点主要集中在经济增长与资源消耗（Kovanda and Hak，2007）、能源消费及环境污染（Steinberger and Roberts，2010）等领域。学术界关于脱钩理论的研究主要集中在两方面，一是对脱钩概念及其评价指标的拓展延伸，如 TAPIO 模型和 OECD 模型是常见的两种脱钩模型。与 OECD 模型不同，TAPIO 模型对时间基期选择的要求低，且不易受指标量纲的影响，能够更清晰地反映各要素在不同地区不同时间或同一地区不同时间表现的脱钩状态。二是基于脱钩理论的实证分析研究，如根据不同管理政策评估的需要可以设计不同的简单有效的脱钩指标表征驱动力与压力之间的关系，因而脱钩指标在西方国家的政策研究领域日渐活跃，主要是尝试研究在环境污染与经济、能源消费与经济、交通运输与经济、农业政策支持与农产品生产贸易等方面引入脱钩指标。

朱震锋和曹玉昆（2017）针对国有林区经济增长与资源消耗之间的脱钩关系展开了研究。由于木材是林区经济发展所依赖的森林主体资源，该研究主要考察了经济增长与木材消耗之间的脱钩关系；在完成脱钩状态测定的基础上，创新性地提出了伪脱钩的概念，并以此为参照客观评价了经济增长和木材消耗的脱钩效果，以期为国有林区在全面停伐的背景下探寻经济转型增长与森林资源保护的双赢发展提供参考和借鉴。

（五）实践意义

东北国有林区（主要分布在内蒙古自治区、黑龙江省和吉林省三个省区的天然林区）作为20世纪50年代国家大规模开发国有森林资源的重点区域之一，数十年的森林采伐为国家经济建设和原始资本积累作出了巨大贡献，但"大木头"经济繁荣的背后也预示了过度依赖木材资源的经济增长很难长久持续。随着20世纪80年代末国有林区逐渐落入资源优势陷阱，可采资源危机、经济危困，以及由贫困引发的一系列社会问题接踵而至，如何突破经济、社会发展的资源依赖已经成为东北国有林区体制改革及经济转型探索过程中的关键内容和重要目标。随着2000年后国有林区职能从木材生产转向生态建设以及2015年开始禁伐政策的全面落实，东北国有林区来自森林资源保护及生态环境改善的现实需求愈加迫切，同时依靠森工经济造血支撑的林区社会要生存、要发展的现实渴望也更加强烈，资源、环境与生存、发展间的矛盾是横亘在东北国有林区可持续发展道路上的巨大障碍。为此，尽快打破资源束缚，努力实现经济和资源脱钩，是东北国有林区突破资源环境利益与经济社会利益两难权衡困局，实现资源、环境、经济与社会共赢发展的重要选择。因此，本书根据脱钩理论，选择资源保育和产业发展代表资源消耗，同时以企业管理和国有林区基础设施的支撑保障作为经济发展现状的体现，进而分析国有林区高质量发展目标下的脱钩情况。

脱钩指标是衡量各国家与地区低碳状况的主要工具，脱钩理论构成了测度各国各地区低碳经济发展情况与温室气体排放的主要理论基础。低碳经济标准是指在经济增长同时，实现温室气体排放量的负增长，这虽然只是一种理想状态，但向低碳经济转型的过程，实际上是经济增长与温室气体排放之间关系不断弱化乃至消失的过程，这一过程被称为"脱钩"。因此，本书从国有林区的固碳能力出发，对不同树种、龄组及林地类型等碳存量以及不同经营类型对碳汇的扰动、提升作用进行了分析，提出了碳汇价值实现的有效路径。同时，按照高质量发展的要求，提出了林业产业中低碳经济的"脱钩"发展模式。

二、区域产业结构理论

（一）历史背景

区域产业结构理论主要解释区域产业结构变化的方式、方向和途径。在经济发展的过程中，区域经济差异普遍存在于世界各地，是区域经济学研究的热点问题之一，并形成了不同的理论观点。区域经济均衡发展理论认为，随着经济社会的发展，区域经济最终将会走向均衡；同时，在市场经济条件下，资本、人口、技术等生产要素在区域之间的合理流动与配置，能够实现区域协调发展。区域经济均衡发展理论的主观愿望是好的，但与发展中国家的客观现实之间存在很大的差距，无法为发展中国家的发展指明方向（李兰冰，2020；陈健等，2020）。因此，20世纪50年代以后，一些学者提出了区域经济非均衡发展理论，如增长极理论、点轴开发理论、中心外围理论等。区域经济非均衡发展理论从现在所有的资源稀缺角度指明了均衡增长的不可行性，认为经济发展的不均衡是必然现象，非均衡发展是绝对的，均衡发展是相对的；强调向一些重点区域或部门倾斜，优先推动其发展，进而带动整个区域的经济发展（孙姗姗和朱传耿，2006；刘普和李雪松，2009）。区域经济非均衡发展理论虽然克服了区域经济均衡发展理论的缺陷，但并没有回答非均衡发展的"度"的问题，也没有充分考虑如何解决非均衡发展产生的经济社会问题（朱炎亮，2016；王业强等，2017）。在此背景下，区域协调发展理论应运而生。目前，该理论已经形成了许多理论和观点，这里主要介绍配第-克拉克定律、库兹涅茨法则、钱纳里标准结构、霍夫曼系数、雁行形态说五种最具影响力和实际应用价值的理论。

1. 配第-克拉克定律

配第-克拉克定律是克拉克（Clark）于1940年在配第（Petty）研究的基础

上提出来的。英国经济学家配第最先对产业结构演变及其动因进行了研究。早在17世纪，配第就在《政治算术》一书中对不同产业之间的收入差异进行了描述，并首次将这种收入差异与劳动力就业结构联系起来。

2. 库兹涅茨法则

库兹涅茨（Kuznets）是美国著名的经济学家，被誉为"CNP之父"。他在配第-克拉克研究的基础上，进一步收集和整理了欧美一些主要国家长期的统计数据，并对国民收入与劳动力在产业之间分布结构的变化进行了统计分析。

3. 钱纳里标准结构

库兹涅茨的研究主要以发达国家为研究对象。自20世纪60年代以来，经济学家在库兹涅茨研究的基础上，对经济增长与结构演变之间的关系进行了更加深入系统的研究，试图构造一种既能满足发达国家需求，又适用于二元经济特性的发展中国家或地区经济发展的标准结构。

4. 霍夫曼系数

霍夫曼（Hoffmann）是德国著名经济学家。他于1931年提出了霍夫曼定理。霍夫曼定理主要揭示一个国家或区域工业结构在工业化进程中演变的规律。而配第、克拉克、库兹涅茨和钱纳里等对产业结构演变规律的分析，都侧重对整个国民经济产业结构随经济发展而演变方面的研究。

5. 雁行形态说

1960年，日本经济学家赤松对产业结构的变化形态进行了研究。研究结果表明，在赶超先进国家时，后进国家产业结构通常呈现出新的演进形态，即后进国家的产业发展会形成进口-国内生产-出口的阶段性演进模式。

（二）思想内涵

区域产业结构是指区域内各种具有不同发展功能的产品部门之间、产业之间的比例关系。区域产业结构分类是一种产业结构的功能分类，该分类根据不同产业在特定区域经济发展中的功能、地位和作用，以一般产业结构分类为基础，划分区域产业的类型，以反映特定区域的优势和区域分工的要求。区域经济发展水平与区域产业结构互相影响，密切相关。一方面，经济增长为产业结构演变提供了基础；另一方面，产业结构的调整又是经济增长的必要条件，产业结构的合理调整能够促进经济的较快增长。现代区域经济发展的事实表明，在区域经济发展的过程中，不仅会出现产值或收入等总量指标的上升，同时还必然会伴随产业结构的升级与转换。当前，中国区域协调发展已经进入一个重要的转型时期。面对国际国内环境的变化和新形势，区域协调发展将具有更加丰富的内涵。区域协调发展不再局限于追求经济的协调发展和缩小经济发展差距，而是经济、社会的全面协调发展，是兼顾当前利益与长远利益、经济发展与生态环境保护有机融合的可持续协调发展（赵霄伟，2021）。因此，除了过去强调的经济协调发展之外，还需要强调社会文化的协调发展，提高发展的可持续性和人的全面发展。具体而言，区域协调发展的内涵主要体现在以下几方面：

（1）全面的协调发展。区域协调发展，不仅包括地区间经济、社会和生态环境等的协调发展，还包括城乡协调发展、人与自然和谐发展、经济与社会协调发展等内容（夏艳艳等，2022）。尽管经济增长的重要性毋庸置疑，但诸多因素相互依赖、互为因果，不应视经济增长为唯一内容，教育、卫生、社会保障等公共服务也是区域协调发展的重要内容。不同地区因发展条件存在差异，不可能齐头并进地推进工业化和城市化，一些地区作为重要的生态功能区需要实行限制和禁止开发，因此经济活动分布不可能是均衡的。但作为中国公民，不管居住在什么地方，都应该享受均等化的基本公共服务，保持生活质量大体一致（魏后凯和张燕，2011；樊杰等，2022）。

（2）可持续的协调发展。区域协调发展应该建立在可持续发展的基础上，通过资源节约和环境友好的技术，制定科学的规章制度和政策措施，促进地区间和区域内资源高效集约利用，推动形成生产、生活、生态协调发展的格局。一方面，在各个地区内部，要实行生态环境保护优先，推进绿色发展计划，促进人与自然和谐共生；另一方面，要推进地区之间的生态环境保护合作，建立健全区域生态补偿机制，构建一体化的生态廊道和生态网络体系，促进区域生态协调发展（邬晓霞，2011；魏后凯和张燕，2011）。

（3）创新型的协调发展。推动区域协调发展，必须建立一系列有效的创新型协调机制（程和元和李国平，1999）。区域协调机制是利益相关群体共同参与，商讨解决生态补偿、基础设施、重大项目等跨地区问题的制度安排，是协调区域冲突的根本途径。同时，地方政府与社会组织应通过建立创新型的社会管理模式，引入更多利益相关群体，以缓解可能发生的区域利益冲突，实现社会和谐，促进区域社会、经济和生态的协调发展（安虎森和汤小银，2021）。

在林业领域，林业管理部门需通过可持续经营的方式优化产业结构，以协调区域发展状况。森林经营主体应在保障森林生态系统生产能力和再生产能力的前提下，以人类利益的可持续性为基础，持续、稳定地产出适应人类社会进步所需求的产品，建立生态、经济、社会效益协调发展的森林经营体系。

（三）核心理念

较常用的区域经济增长与发展理论模式有区域均衡与非均衡发展理论、区域经济发展阶段理论、区域分工理论、梯度推移理论等，这些理论对于促进不同国家和地区区域经济的发展均具有重要的指导作用。其中，区域经济协调发展的主流观点具有三条共识：①区域经济协调发展描述的是一种区域之间经济关系的状态；②区域之间是开放的、联系的，发展上是关联的、互动的；③相关区域的经济发展能够持续或共同发展，彼此之间的经济差异趋于缩小（袁惊柱，2018）。彭荣胜（2009）基于系统理论、劳动地域分工理论和区域相互依赖理论，结合我国经济发展的阶段性特征，将区域经济协调发展的内涵定义为区域之间相互开放、经济交往日益密切、区域分工趋于合理，既能保持区域经济整体高效增长，又能把区域经济差距控制在合理、适度的范围内并逐渐变小，区域之间经济发展呈现正向促进、良性互动的状态。覃成林等（2011）指出，有的研究将区域经济协调发展推演到社会、生态等方面，还有的研究将其理解为一个区域内部经济、社会等多方面之间的协调，形成了对区域经济协调发展不准确的理解。覃成林等（2011）认为，区域经济协调发展是指在区域开放条件下，区域之间的经济依赖逐渐加深，经济联系日益密切，经济发展呈现出关联互动和正向促进的态势，各区域的经济均持续发展且区域经济差异趋于缩小的过程。魏后凯和张燕（2011）基于科学发展观的系统性方法论，认为区域协调发展具有三方面的含义：全面的协调发展、可持续的协调发展和新型的协调机制。范恒山（2012）基于科学发展观的要求，认为区域协调发展的内涵至少有四个要点：地区间人均生产总值差距保持在适度的范围内；各地区人民能享受到均等化的基本公共服务；各地区比较优势的发挥能够促进区域间优势互补、互利互惠；各地区人与自然的关系处于协调和谐状态。徐康宁（2014）认为，区域协调发展是指在既定的环境和条件下，各地区的发展机会趋于均等、发展利益趋于一致，总体上处于发展同步、利益共享的相对协调状态。2016年，国家发展和改革委员会印发的《关于贯彻落实区域发展战略促进区域协调发展的指导意见》（发改地区〔2016〕1771号）指出，区域协调发展的内涵包括要素有序自由流动、主体功能约束有效、基本公共服务均等和资源环境可承载。习近平总书记在2017年底的中央经济工作会议中指出，区域协调发展要实现三大目标，包括基本公共服务均等化、基础设施通达程度比较均衡和人民生活水平大体相当。

（四）基本特征

从区域产业结构所包含的理论主要分为均衡发展理论、非均衡发展理论及增长极理论，并以此衍生出不同的社会发展阶段，以及在产业结构推动下区域协调发展的不同特征。

1. 发展理论

1）均衡发展理论

所谓均衡发展，是指区域间、区域内、产业间在经济发展中基本保持同步或同一水平。20世纪40年代，均衡发展理论（balanced development theory）逐步形成。均衡发展理论不仅强调产业间的平衡发展，还强调区域间、区域内生产力的平衡部署，以促进区域经济的平衡发展。该理论主要包括大推动理论、贫困恶性循环理论和平衡增长理论。

2）非均衡发展理论

非均衡发展理论（unbalanced development theory）认为，由于不具备全面发展的资本和资源条件，发展中国家或地区实现均衡发展是不可行的。发展中国家或地区必须将有限的资本和资源进行集中，帮助一部分区域或产业优先发展，才能带动和扩大其他区域或产业经济的发展。非均衡发展理论主要包括赫尔希曼的不平衡增长理论和佩鲁的增长极理论。

3）增长极理论

增长极理论是由佩鲁提出的。增长极的思想以点带面，将具有较好区位优势的区域或者条件较好的产业作为增长极，通过政府集中投资等方式，加快该区域或者产业的发展。在发展初期，资金、人力、技术等生产要素会向极点聚集，这种现象称为增长极的极化效应。发展到一定程度后，生产要素会向外围移动，以此推动周边区域及其他产业发展，即增长极的扩散效应。

2. 社会发展阶段

1）标准阶段次序理论

1949年，美国著名区域经济学家胡佛（Hoover）和费雪（Fisher）在对大多数欧洲国家区域经济成长的历史过程进行总结的基础上，发表了《区域经济增长研究》一文。该文章提出，任何区域的经济发展都存在自给自足经济阶段、乡村工业兴起阶段、农业生结构转移阶段、工业化阶段、服务业阶段这样的"标准阶段次序"。

2）经济成长阶段理论

美国经济学家罗斯托（Rostow）依据工业发展水平将世界经济发展历史划分为传统社会阶段、起飞准备阶段、起飞阶段、成长阶段、高额消费阶段、追求生活质量阶段六个阶段。

3）区域分工理论

区域分工理论分为绝对成本优势理论、比较成本优势理论、要素禀赋理论，主张按照要素禀赋条件进行区域分工和专业化生产，有利于消除区域经济发展差异，包含创新、发展、成熟、衰老四个阶段的阶梯推移理论。

3. 区域协调发展的特征

（1）区域协调发展是一种相对均衡的发展。由于区域之间资源禀赋、地理条件存在差异，要实现区域之间绝对均衡发展事实上不可能，区域协调发展只能是一种相对均衡发展，不能将区域协调发展简单等同于均衡发展。观察世界各国经济发展过程，不难发现，区域之间发展不均衡是一种常见现象。除了像新加坡、卢森堡这类面积很小的国家不存在区域发展问题，世界上几乎所有的国家都不同程度地存在区域发展不均衡问题。因此，区域协调发展不是消除区域之间的发展差距，而是逐步缩小区域之间的发展差距，实现区域之间的相对均衡发展（华国振，2007）。

（2）区域协调发展是区域内各要素的均衡发展。区域协调发展首先是区域经济的协调发展，但不局限于经济方面，而是区域内经济、社会、人口、资源、环境等要素的均衡发展（程祺，2010）。例如，在讨论区域协调发展的评价体系时，有学者从现代化的经济水平与经济结构、科技进步与人口素质、社会发展与居民物质生活、生态环境与自然资源4个方面，精选了16个指标，构建了反映全国区域经济协调发展的综合指标体系，并结合全国各省份实际情况进行了分析评价（朱甲羽，2008；苗洁和吴海峰，2014）。也有学者提出，评价区域协调发展涉及三个基本指标体系：一是人均可支配收入方面的协调程度；二是人均可享有基本公共产品和公共服务方面的协调程度；三是地区发展保障条件方面的协调程度。因此，区域协调发展要从多方面来综合考察，经济水平、经济结构是其中的重要方面，但不是唯一的要素（覃成林等，2011）。

（3）区域协调发展需要内外兼治、多方施策。内因是推动区域协调发展的根本动力。在内在动因方面，应充分调动各区域发展的积极性、主动性、创造性，以各区域的资源禀赋、技术水平、历史文化等要素为基础，培育区域内生发展能力。各区域要打破地区壁垒，逐步形成统一开放、竞争有序的市场环境，让市场在资源配置中发挥决定性作用（徐现祥等，2011；全毅，2022）。通过资源的市场化配置，发挥各地区的比较优势，实现区域产业结构、空间结构、基础设施建设、环境资源开发与保护的协调发展，提高区域发展的协调性。外因是推动区域协调发展不可缺少的力量。在外在动因方面，应通过政府积极干预与政策引导、完善法治规则、跨区域合作治理等措施来提升区域发展的协调性。内在动因和外在动因在促进区域协调发展的实际运作过程中，需要相互配合、互相促进，共同构成区域协调发展的动力机制（范恒山，2022）。

（4）区域协调发展既是一种过程，也是一种结果。区域之间要缩小发展差距，实现相对均衡的发展，绝不是短期内可以实现的，而是要经历一个过程。这个过程是追赶的过程，也是超越的过程，后发展地区既要借鉴先发展地区的成功经验，又不能简单重复先发展地区的道路和模式。同时，在不同发展阶段，区域协调的重点也不一样，呈现阶段性特征（高国力等，2018）。在经济发展的起步阶段，区域协调发展的重点是将区位交通条件较好地区的优势充分发挥出来，促进一部分地区先发展起来。在经济发展的起飞阶段，区域协调发展的重点是在基本实现公共服务均等化的基础上，使各类要素能在区域之间自由流动。在经济发展的成熟阶段，区域协调发展的重点是区域之间经济、社会、人口、资源、环境实现协调发展，使区域之间的差距保持在适度范围内，实现区域之间发展的相对均衡（丁建海，2011）。区域协调发展是过程与结果的统一，区域均衡发展的结果是在谋求区域协调发展的过程中逐步实现的。

（五）实践意义

我国改革开放以来，地方的经济独立性逐渐增强，自我决策的权力越来越大，在市场经济法治环境不完善的情况下，有些地区出现了"为小家而放弃大家"的现象，各类区域问题多有出现。因此，我国统筹区域协调发展的政策工具逐渐受到重视。当前，世界金融危机的影响仍没有完全消除，扩大内需、培育经济新的增长点仍然是各地区的当务之急，我国区域经济发展仍然存在着协调性不高、区域经济差距有可能再度扩大、各地主体功能不够明确等问题。因此，当前统筹区域协调发展不仅能够为各地深化改革、应对危机提供理论指导，还能防止区域恶性竞争，培养区域间感情，增进民族凝聚力。通过合理分工，充分发挥各区域比较优势，能够增进各方利益，进而增强我国的国际竞争力。

黑龙江省大兴安岭重点国有林区是集行政功能与林业产业相结合的综合区域，区域内的林业产业发展结构对区域的协调发展起到主导作用，需要建立林业复合系统推动区域协调发展。具体而言，在综合森林生态水平、区域经济发展水平、经济结构、政策法规等多种因素的基础上，通过可持续发展的方式，实现全面协调发展、长期持续发展和区域间的平衡协调发展。其中，全面协调发展要求区域内部经济、生态环境子系统的发展时序相互协调、全面发展；长期持续发展要求发展的连续性，在经济发展进程中充分考虑自然资源的长期供给能力和生态环境承受能力。区域在可持续发展演化进程中，进行时序演化和空间配置，最终实现林业复合系统区域经济效应、生态效益的最大化。因此，本书在评价国有林区的区域产业结构方面，除了从三次产业分析产业结构及产业实力外，还需要根据配第-克拉克定律、库兹涅茨法则掌握劳动力在不同阶段、不同行业间的收入差距。在构建指标时，亦需要加入民生情况。在福利经济学理论基础上，本书着重选择工资收入、基本保险两个维度分析民生福祉情况，综合反映大兴安岭重点国有林区经济发展实力。同时，根据雁行形态说，国有林区发展除了拉动内需外，还需要从境外采伐、加工及交流合作的角度，分析产业发展的总体态势。总体来说，本书以高质量发展为最终目标，以实现经济增长极为始终任务，评价不同年度间国有林区所处的发展阶段、资源要素禀赋情况以及属于阶梯推移理论中创新、发展、成熟、衰老的哪个阶段，均是本书需要分析的内容。

三、高质量发展理论

（一）历史背景

改革开放以来，中国经济建设取得重大成就，为世界经济增长作出了卓越贡献。在经济快速增长的同时，也显露出了发展失衡、质效偏低、创新不足等问题。随着我国经济发展进入"新常态"，经济增速从高速增长转换为中高速增长，发展方式从规模速度型粗放增长转向质量效率型集约增长，发展动力也从传统增长点转向新增长点（周晓桂，2019）。这既是对我国经济发展特征的科学总结，也是对经济转向高质量发展的重要判断。党的十九大报告提出，我国社会主要矛盾已经转化为人民日益增长的美好生活需要和不平衡不充分的发展之间的矛盾。人民的美好生活需要在原来物质文化需要基础上，向更加多元化、更高水平升级，这既需要类型的丰富，更是需要质量的提升。此外，推动我国经济高质量发展是跨越当前发展关口的迫切要求。2021年，我国人均GDP已经达到12551美元，就世界银行此前发布的标准来看，该数据尚未达到高收入国家人均水平的下限，能否顺利跨越"中等收入陷阱"，取决于能否实现经济高质量发展。高质量发展是中国共产党发展思想的最新成果，其形成并非一朝一夕，而是经历了长时间的积淀、探索与实践，凝结了几代中国共产党人的心血与智慧（马建堂，2019）。同时，它也是适应我国当前发展阶段的发展模式，该模式立足于五大新发展理念，坚持以质量第一、效益优先为原则，以科技创新为根本驱动力，以满足社会公众对美好生活的向往为根本方向，从而实现整体布局的发展。面对错综复杂的国际形势，亟须与时俱进的发展方针，高质量发展的提出正当其时。

（二）思想内涵

习近平总书记在党的十九大报告中指出，"我国经济已由高速增长阶段转向高质量发展阶段，正处在转变发展方式、优化经济结构、转换增长动力的攻关期"。这是对我国经济发展阶段变化和现在所处关口作出的一个重大判断，也指出了高质量发展的三个重点领域：一是发展方式，主要包括要素的组织模式和配置方式、经济产出效率、经济与生态的相互关系等方面。二是经济结构，主要包括产业结构、供需结构、收入结构、城乡结构、区域结构等方面。三是增长动力，主要包括"三驾马车"、创新驱动、传统动能优化提升、新动能培育等方面。经济高质量发展涵盖供给、需求、配置、投入产出、收入分配、经济循环等多个层面（夏锦文，2018）。习近平总书记先后多次阐释了高质量发展这一表述，其内涵博大精深，极富思想性、时代性、实践性。他提出推动高质量发展，要把重点放在产业结构转型升级上，把实体经济做实做强做优作为着力点，把提高供给体系质量作为主攻方向，必须坚持质量第一、效益优先两大原则，推动经济发展的三大变革，即"质量变革、效率变革、动力变革"，让创新成为高质量发展的强大动力，努力实现更高质量、更有效率、更加公平、更可持续的发展。

（三）核心理念

高质量发展的核心要义，在于坚持质量第一、效益优先，着力推动经济发展质量变革、效率变革、动力变革，提高全要素生产率，不断增强我国经济的创新力和国际竞争力（任保平和何苗，2019；王廷惠，2022）。在经济层面，高质量发展涵盖供给、需求、配置、投入产出、收入分配、经济循环等多个层面，其直接体现在质量第一、效益优先，涉及产品、服务、设施、环境等多方面的质量提升，是生产要素投入少、资源配置效率高、资源环境成本低、经济社会效益好的发展。这意味着经济转型、结构调整、动力优化、风险可控、共同富裕及环境优化等将成为评价经济发展的重要标准，而不仅仅是GDP增速的快慢。实现经济高质量发展的关键是创新驱动，即要着力推进以科技创新为核心的全面创新，通过质量变革、效率变革、动力变革，加大满足居民消费升级需要的高质量产品和服务的供给，提高全要素生产率，优化需求结构和产业结构，推动经济增长从依靠一般要素投入转向依靠高质量要素投入、从依靠要素投入转向依靠创新和效率提升，逐步确立以质量、技术、品牌、服务为核心的国际竞争新优势（任保平，2022）。

（四）基本特征

高质量发展的基本特征归纳起来包含以下几个特征：

第一是供给和需求更加平衡。高质量发展的供给体系和供给质量要有效适应多样化的个性化需求。供给侧，要有较为完整的产业体系作为基本支撑，生产组织方式实现网络化、智能化。同时，应具备较强的创新力、需求捕捉力、品牌影响力、核心竞争力，确保产品和服务质量及附加值均处于较高水平。需求侧，高水平的供给体系和供给质量能够不断满足人民群众个性化、多样化以及不断升级的需求，这种需求又引领着供给体系和结构的变化，不断催生新的需求（冯娟，2022）。

第二是资源要素配置更加高效。效率是高质量发展的核心标准，高质量必然伴随着高效率。不断提高劳动、资本、土地、资源、环境等效率，需要在不断完善有利于资源要素有序流动和市场化配置机制的同时，更加注重发挥科技创新的作用，切实增强自主创新能力，不断提高劳动生产率、增量资本产出率以及全要素生产率（徐晔和喻家驹，2021；王博雅，2021）。

第三是经济结构更加优化。经济结构转型升级是高质量发展的重要标志，也是高质量发展的基本路径。高质量发展要使产业结构、需求结构、城乡区域结构等不断优化；要加快产业结构迈向中高端，进一步提高产业体系竞争力；要促进需求结构继续优化，进一步发挥消费对经济发展的基础性作用和投资对优化供给结构的关键性作用；要推动城乡区域结构更加协调，实现区域良性互动、城乡融合发展和陆海统筹整体优化（周小亮，2020；周文和肖玉飞，2021）。

第四是收入分配更加公平。公平有序的收入分配格局是高质量发展成果的重要体现。高质量发展本质上要求在初次分配过程中，劳动、资本、技术等各类要素能够根据各自贡献获得合理回报，也就是要实现投资有回报、企业有利润、员工有收入、政府有税收，同时这些回报应充分反映市场对其贡献的评价。再分配过程中，要更加注重公平，最终形成科学有序的分配关系和公平合理的分配格局。

第五是人民生活更加美好。高质量发展的出发点和根本目的是持续增进人民福祉（任海军和王艺璇，2021）。高质量发展要更好地满足居民消费升级需要，同时实现公共服务供给数量、质量和均等化水平的进一步提高。教育、医疗应达到先进水平，确保住有所居、就业和收入机会均等、福利公平成为普遍状态，从而使得人民群众生活满意度普遍较高（高帆，2021）。社会治理更加有效，社会公平正义得到伸张，全体人民更加公平地享受经济发展成果，逐步实现共同富裕（刘培林等，2021）。

（五）实践意义

林业作为生态文明建设的主体，对生态文明建设的顺利进行发挥着重要作用。推进新时代林业高质量发展，是贯彻落实习近平生态文明思想的重要实践，是一项长期而又复杂的系统工程。国有林区是全国森林资源最集中最丰富的地区，是我国林业建设的主要战场，今后一个时期是国有林区高质量发展的重要战略机遇期，是打牢基础、涵养后劲的关键期，是增育主体、推进绿色转型的加速期，准确理解高质量发展的内涵和特征是推动国有林区高质量转型发展的必要条件，也是实现林业可持续发展的重要途径。

高质量发展的内涵和特征在国有林区转型发展的具体实践中至少包含以下五个方面：第一，在发展动力方面，高质量发展应该具有供给与需求的高质量、投入与产出的高质量，创新驱动是解决发展效能与可持续性的关键，应以创新驱动作为发展的主要动力。国有林区应该逐步摆脱生产经营作业中的"肩挑背扛、笔写尺量"和人海战术，要进一步提升森林资源管理的信息化、智能化、机械化水平。第二，在产业协调方面，高质量的发展还要注重资源配置均衡，协调不仅仅是以往的平均主义，更是机会公平，要找出短板，补齐短板，在短板上发现发展潜力。国有林区应该探索自然资源的资产化管理方式和拓宽生态产品价值实现路径，提高资源配置效率和产业发展动力。第三，在绿色生态方面，生态保护是高质量发展的基础、是可持续发展的必要条件，要着力推进人与自然和谐共生的新发展格局建设。国有林区应该坚持"生态优先、绿色发展"的理念，进一步优化林分结构，提高森林生态系统的质量和稳定性，为经济社会转型发展奠定绿色本底。第四，在开放稳定方面，高质量发展要注重内外联动，构建以国内大循环为主体，国内国际双循环的产业体系。国有林区应该依托林区资源优势和产业基础，努力寻找高匹配度、高协同性的投资者、合伙人，实现精准招商、优质招商，加大对俄的合作力度，以高水平开放促进高质量发展。第五，在共享和谐方面，高质量发展的本质就是利用有效和可持续的方式来满足人民群众对于美好生活的多方面需要。国有林区应该将民生福祉摆在更加突出的位置，提高林区职工的收入和待遇，改善林业职工生产生活条件。

因此，必须通过优化资源配置，调整产业结构，注重生态环境保护和人才队伍建设，持续加大对科研工作的扶持力度，切实推动以黑龙江省大兴安岭重点国有林区为首的国有林场高质量发展，为我国生态文明建设作出更大贡献。因此，本书综合了高质量发展的内涵、实践经验，分别从资源保育、产业发展、企业管理、民生福祉、支撑保障五个维度出发，分析在高质量发展目标下，黑龙江省大兴安岭重点国有林区的发展现状、耦合协调性和所处的阶段，预测未来的发展趋势，探讨与高质量发展目标之间存在的理论及实践差距，进而从综合视角对国有林区高质量发展提出优化建议。

四、系统耦合理论

(一) 历史背景

本书涉及的系统耦合理论涵盖耦合协调性及系统性两个层面的含义，其中耦合协调理论在20世纪80年代中后期由中国工程院任继周院士将其引入农业系统科学。此后，不同领域都相继兴起对系统耦合理论的研究探讨。20世纪末，随着科学技术的不断完善，系统论结合非线性科学演进为复杂性科学，非线性、复杂性成为探求世界真实途径的重要思想，系统耦合理论的研究也随之深化，呈现出不同的研究特征（周士元，2019）：①系统耦合定量化研究，表现为从之前的定性研究逐步演化为定量研究，并试图建立量化标准，对耦合结果进行准确的评价。大多学者通过"耦合度"这个标准来评价耦合程度（张慧，2015）。②系统耦合模型的建立，表现为人们在不同领域，用不同手段建立各种各样的耦合理论模型，对系统耦合中参与的各因素进行综合评价（王茜，2018）。③系统耦合模块化研究，表现为模块通过一定的规则与其他同级子系统相互联系而构成的更为复杂的系统的过程称为系统模块化耦合。系统耦合理论的研究正蓬勃发展，对交叉领域的研究作出了突出贡献。

而系统论是一门兼具有数学性和逻辑性的新兴学科，主要研究系统的一般模式、共同结构和特征，以及系统的功能及规律（何继善等，2009）。在人类的长期生产实践中，通过对自然界知识的积累，逐渐产生了系统思想。古朴的系统思想强调自然界的整体性和统一性，其本质是正确的，但由于科学发展水平的限制，缺乏对自然界各部分各细节的认识（郭杰等，2013）。系统论作为一门学科的确立，是以贝塔朗菲的专著《一般系统理论：基础、发展和应用》为标志的。系统一词，是由部分组成整体的意思，是指由若干多个互相作用、互相联系的部分组成的具有新的结构和功能的有机整体。系统论体现了"要素要素""要素系统""系统环境"三方的关系。贝塔朗菲尤其强调整体的观念，他认为任何系统都是一个有机的整体，它绝不是各个组成部分简单地组合，更不是各部分的机械相加，而是"1+1>2"的效果，系统的整体功能要强于各要素孤立状态下的功能之和。从系统观点看问题，系统是普遍存在的，世界上的任何事物都可以看成是一个系统。同时，系统又是多种多样的，可以根据不同的原则来划分系统的类型（吕微，2013）。系统论通过对要素特点和规律的总结以及结构和关系的协调，使系统达到最优化。系统论为解决现代社会中的政治、经济、科学、文化等方面的各种复杂问题提供了方法论的基础，为现代科学技术的发展提供了理论和方法，系统的观念正渗透到社会的方方面面（袁富华和李兆辰，2024）。

（二）思想内涵

1. 在耦合协调性方面

耦合一词起源于物理学领域，最初指多个电路元件在相连情况下的互相作用，电能在电路网或是电路元件间传递的现象。科学家们通过耦合度来分析子系统间的关联程度，并由此来研究系统从无序状态到有序状态的过程。一个系统耦合度越高，子系统间关联程度越大，系统的状态越稳定；耦合度越低，子系统间关联度越小，系统的状态更趋向无序（陈秋星和陈少晖，2023）。协调来源于协调理论，它是指一种用来衡量系统内各个元素之间互相影响、互相制约状态的指标。协调指标既可以体现系统协调状态的优劣，也可以映射出系统的发展趋势。不同科学领域对于协调的定义有所差别：在经济学领域中，协调是指各个经济主体在相互作用、相互影响的情况下，逐渐趋于均衡的状态；在管理学领域中，协调是指在充分掌握各类管理要素的基础上，管理者通过调控手段达成既定目标的过程；而在系统学领域中，协调是指在已有目标的基础上，形成的一种向好、稳定的循环状态（孙佳政，2021）。

需要注意的是，在耦合协调理论的应用研究中，通常用耦合度来测度和阐述系统之间相互影响作用的程度。耦合作用和程度决定系统在达到临界区域时走向何种序与结构，即决定系统由无序走向有序的趋势（谢彦龙，2017）。而协调则表现为系统内各子系统间的合作和联系程度，强调系统内子系间平等合作、相互依存的关系。通过耦合度能够对两个及两个以上社会经济系统的相互作用和影响进行评价，并在此基础上进一步形成耦合协调分析方法，用以评判各系统间的协调发展程度（龚超等，2022）。

2. 在系统论方面

由于系统工程是一门新兴的交叉学科，尚处于发展阶段，还不够成熟，至今还没有统一的定义（吴新星和张文娴，2024）。国内外知名学者对系统工程所做的解释如下：

（1）中国著名科学家钱学森教授指出，系统工程是组织管理系统的规划、研究、设计、制造、试验和使用的科学方法，是一种对所有系统都具有普遍意义的科学方法，系统工程是一门组织管理的技术。

（2）美国著名学者切斯纳（Chestnut）指出，系统工程认为虽然每个系统都是由许多不同的特殊功能部分所组成，而这些功能部分之间又存在着相互关系，但是每个系统都是完整的整体，每一个系统都要求有一个或若干个目标。系统工程是按照各个目标进行权衡，全面求得最优解（或满意解）的方法，并使各组成部分能够最大限度地互相适应。

（3）日本工业标准 JIS 规定，系统工程是为了更好地达到系统目标，而对系统的构成要素、组织结构、信息流动和控制机制等进行分析与设计的技术。

综上所述，系统工程是以大规模复杂系统为研究对象的一门交叉学科。它把自然科学和社会科学的某些思想、理论、方法、策略和手段等根据总体协调的需要，有机地联系起来，把人们的生产、科研或经济活动有效地组织起来，应用定量分析与定性分析相结合的方法和计算机等技术工具，对系统的构成要素、组织结构、信息交换和反馈控制等功能进行分析、设计、制造和服务，从而达到最优设计、最优控制和最优管理的目的。

（三）核心理念

按照系统论的观点，假设两个系统既表现出相近相通的特性，又存在相差相异的特点，那么它们不仅在静态上具有相似性，还在动态上表现出互动性，从而形成耦合关系。人们应该采取措施对具有耦合关系的系统进行引导、强化，促进两者良性的、正向的相互作用和相互影响，激发对方的内在潜能，从而实现优势互补和共同提升（周士元，2019）。耦合协调发展应当是"耦合"、"协调"和"发展"三者的交集体，是系统或系统要素之间在配合得当、和谐一致、良性循环的基础上由简单到复杂、由无序到有序、由低级协调优化到高级协调共生的总体演化过程，同时也是一种具有整体性、综合性、多元性、内生性和增益性的发展聚合行为。耦合协调发展追求的是一种齐头并进、整体提高、全局优化、共同发展的美好愿景。

系统工程论是一种站在整体角度、统筹全局的科学方法体系。系统工程论是指系统为了达到预期目标，运用系统工程的思想、技术，系统地研究并解决问题的一套程序化方法和工作步骤。系统工程方法论始终围绕着系统的预期目的，从系统的观点和思想出发，在系统形式中将系统工程所要解决的问题加以考察，观察"整体部分""部分部分""整体外部环境"的相互作用、相互联系、相互矛盾以及相互约束的关系，综合研究以达到问题的最优处理效果（吴燕生，2019）。

（四）基本特征

1. 耦合协调关系

耦合协调关系具有以下几个方面的特征。

（1）耦合结构不是两个或两个以上系统的简单结合，而是利用两个或两个以上系统的位差潜能，将企业管理、产业发展、资源保育、支撑保障、民生福祉等在空间和时间上进行合理配置，从而构建出一个涵盖功能、产业、空间和时序的多层次和全方位的耦合结构，具有强大的自我调节与负反馈能力。

（2）对多个子系统进行耦合时，一般都会伴随着系统的相悖，成为系统耦合的障碍。然而，任何形式的相悖又可能孕育着系统的生产潜势和发展机遇，是释放系统潜能的关键。

（3）系统耦合后，其功能与结构会发生相应的变化，将导致系统内部诸多潜能的释放，而潜能释放程度及其耦合效应的大小取决于耦合结构的合理性、所处环境条件的适宜性和科学管理的水平。

（4）系统耦合可延伸系统势能，拓宽系统的生态阈值范围，使系统作为一个整体，在应对自然环境的变化中具有更强的活力与缓冲力，从而降低自然灾害的风险。

2. 系统工程

系统工程是一类包括许多类工程技术的工程技术门类。与一般工程比较，系统工程具有以下四个特点。

（1）研究思路的整体性。整体性是系统工程最基本的特点。系统工程把研究对象看成一个整体系统，并且由若干要素、子系统有机结合而成。系统工程在研制系统时总是从整体出发，在整体与部分、部分与部分之间的关系中揭示系统的特征和规律，实现系统各部分的有机结合。

（2）研究对象的广泛性。系统工程的研究对象可以是所有现实系统，包括社会系统、生态环境系统、自然系统和组织管理系统等。

（3）运用知识的综合性。系统工程作为一门跨学科的边缘学科，不仅要用到数学、物理、化学、生物等自然科学，还要用到社会学、心理学、经济学、医学等与人的思想、行为、能力等有关的学科，是自然科学和社会科学的交叉。因此，系统工程形成了一套处理复杂问题的理论、方法和手段，在处理问题时为人们提供了一个系统的、整体的视角。系统工程所使用的知识可以是人类社会所拥有的一切科学知识，主要包括系统科学、自然科学、社会科学、计算机科学以及其他专门科学。这些知识相互交叉、相互融合。

（4）研究方法的多样性。系统工程有许多成熟的方法，在处理复杂的大系统问题时，常采用从定性到定量综合集成的方法，以软为主、软硬结合的方法，以宏观为主、兼顾微观的方法。系统工程所研究的对象往往涉及人，包括人的价值观、行为学、心理学、主观判断和理性推理，因此系统工程所研究的大系统比一般工程系统复杂得多，处理系统工程问题不仅需要具备科学性，还应兼具艺术性和哲理性。

（五）实践意义

耦合协调理论可以对系统内子系统间的耦合程度进行刻画，还可以用以反映子系统间的协调发展状态。另外，由于耦合协调度具有完整的评价标准和评价方案，通过耦合协调度来对国有林区系统耦合协调发展进行评价有据可依，具有科学性。本书基于耦合协调理论，立足国有林区的自然资源禀赋及其在国家战略中的角色定位，通过分析国有林区企业管理、产业发展、资源保育、支撑保障、民生福祉五个子系统间的相互作用、相互影响关系，构建了国有林区复合系统模型。在此基础上，围绕上述五个子系统的支撑体系，搭建了国有林区耦合协调发展指标体系，用以测度国有林区耦合协调发展水平。

国有林区是我国重要的生态安全屏障和后备森林资源培育战略基地，在林业事业中具有十分重要的地位。1998 年，天然林保护和培育工程开始实施。由于天然林采伐产量与经济社会发展密切相关，在天然林资源保护工程的实施过程中，天然林采伐量逐年大幅度减少，使得几十年一直靠砍伐森林为生存与发展的国有林区，在经济与社会发展方面面临着严峻挑战。随着生态保护中森林主体地位的逐渐增强，生态优先的战略思想被进一步强化。在某种程度上，削弱或忽视国有林区经济和社会的发展，将会加大经济、社会、生态三个子系统之间的不平衡、不协调。以上这种状态势必影响着我国林业高质量发展目标的实现。针对这些问题，本书拟从系统工程理论出发，将国有林区作为一个整体，以经济、社会、环境三个子系统为要素搭建一个复合系统，研究三者之间的耦合协调状态，认识国有林区协调发展态势，找出国有林区协调发展的利导因子和限制因子，从而为宏观管理和决策提供依据，促进国有林区高质量发展。

五、新质生产力理论

（一）历史背景

2023 年 9 月 7 日下午，新时代推动东北全面振兴座谈会在黑龙江省哈尔滨市召开。习近平总书记在会上强调，积极培育新能源、新材料、先进制造、电子信息等战略性新兴产业，积极培育未来产业，加快形成新质生产力，增强发展新动能。习近平总书记首次提出新质生产力这一新兴理念，为重新激发东北经济活力支出关键一招。2024年，习近平总书记在中共中央政治局第十一次集体学习时强调，新质生产力是摆脱传统经济增长方式，具有高科技、高效能、高质量特征，符合新发展理念的先进生产力质态。在参加第十四届全国人民代表大会第二次会议江苏代表团审议时习近平总书记强调，面对新一轮科技革命和产业变革，我们必须抢抓机遇，加大创新力度，培育壮大新兴产业，超前布局建设未来产业，完善现代化产业体系。习近平总书记还指出，发展新质生产力不是要忽视、放弃传统产业，而是要用新技术改造提升传统产业，积极促进产业高端化、智能化、绿色化，并要求地方党委政府因地制宜发展新质生产力。

（二）思想内涵

1. 传统生产力的基本内涵

生产力是马克思主义哲学体系中的一个基本概念，随着社会发展水平不断提高以及马克思主义理论中国化程度不断加深，人们对于生产力的认知和理解也不断深化。生产力是人们创造财富的能力，即社会生产能力，生产力的提高意味着在同样多的资源条件下能够创造更多的财富。生产力的三大基本要素是：劳动资料、劳动对象、劳动者，这一概念强调"人类-社会-自然"三者和谐统一的整体认知，并且更侧重传统生产方法和经验。传统生产力在传统行业中更有影响力，如传统制造业和传统农业。这类行业的科技化水平较低，对廉价劳动力的依赖性较强。它们更集中于资本持续投入和劳动力结构优化，而较少关注创新性因素。在推动经济增长的过程中，经常以不可再生资源的消耗和环境的破坏为代价。

2. 新质生产力的基本内涵

一般生产力水平发展到一定阶段后会经历量变达到质变的飞跃，从而形成新型生产力。促成这一质变过程的关键因素便是人类在自然科学领域所取得成果的不断累积。在质变的过程中，往往伴随着新业态、新领域、新技术的出现，而这些正是新质的外在表现。新质生产力强调现代科技创新作为生产力提升的核心动力，采用先进的理论框架和科学方法来优化生产过程，通常与高科技和新兴产业息息相关，如信息技术、生物技术和清洁能源。它强调生产要素的新质投入，包括知识、技术和资源的创新性应用，以及资源的合理配置和高效利用，致力于实现绿色可持续发展。林草产业是利用太阳能、地力以及生物技术等高新技术创造绿色财富最大的绿色经济体，发展林草产业新质生产力的潜力是巨大的。发展林草产业新质生产力,对于维护国家能源安全、粮食安全、国土安全、健康安全、生态安全、木材安全、社会安全,乃至经济安全和气候安全,都具有重大的战略意义。

(三) 核心理念

生产力迁跃升级需要依靠劳动资料创新、劳动对象转换、劳动者专业化和知识化这三方面紧密结合、共同推动。其中,劳动资料创新能够促使生产过程逐步实现自动化、精细化和高度集成,从而提高生产质量,减少能源和资源浪费,实现生产效率的提升。劳动对象转换是以生产质量更轻、结构更强、耐受力更持久的材料来替代稀缺资源和高污染高能耗资源,从而提高资源利用效率。它的"新"还涉及数字化和人工智能化的整合,生产过程可以更加智能化和自动化。劳动者专业化和知识化是指随着科学水平发展达到新高度,劳动力结构向高素质高水平方向持续演进,促使社会积累了大量知识资本,包括专业技能、行业知识和创新思维,使得这些知识资本成为推动创新和生产力提升的关键要素。经济增长的本质是产业结构的转型升级,这种升级不仅包括科学和技术的创新,也包括管理技术的进步,如生产流程的优化、人力资源管理、企业组织经营方法的改进。

(四) 基本特征

新质生产力是依托新型产业、未来产业而不断成长的生产力,新型产业和未来产业顺应大众新兴的消费需求,发展前景较为乐观。当产业面临挑战和机遇时,新质生产力可以为产业提供技术、知识和工具,帮助企业适应市场需求的变化。随着生态文明理念的推广,民众对生态环境的保护意识增强,对绿色生态产品的需求不断增长。绿色能源技术、环保生产工艺以及清洁绿色的新型工业原材料,为传统资源导向型行业向创新导向型产业或技术导向型产业转型提供了有力支持。在减少对环境的影响和对资源的依赖,同时满足市场生态建设需求情况下,传统行业也能在新质的基础上获得更好的发展。产业转型反过来对新质生产力的发展具有推动作用,新兴产业和未来产业常常以前沿科技创新为核心,在生产过程中,不断积累技术经验,在市场需求的利益驱动下,不断探索技术创新路径。在这个过程中,随着更加先进生产力要素的不断投入,新质生产力得以持续演进。

（五）实践意义

黑龙江省森林资源储量丰富，新中国成立以来，丰富的森林资源为当地地区生产总值和民生保障作出了巨大贡献。在 2014 年全面禁止商业性采伐之后，木材和竹材采运产值连年下降，与之相关的木材加工等产业因原料不足受到较大限制。2000 年，林产品市场交易自由的上升，非木质林产品供给和需求不断扩大，刺激了林业第一产业和第三产业的发展，相对缓解了传统森林工业在经济发展上的疲态。根据相关学者研究，这种现象的实质是减、超伐政策加快了林区经济增长同木材等资源消耗的脱钩进程。黑龙江省不断对林业产业结构进行调整，积极推动传统林业产业转型升级，大力发展林下经济产业，逐步形成了多业并举的林业产业转型发展格局，包括森林培育、木材精加工、森林药材与食品、林产化工、森林旅游等多种产业。

新质生产力的出现给黑龙江省国有林区林业产业的发展带来了新的机遇。在经营制度方面，国有林区制度改革不断推进，多元主体经营将激发林业产业转型发展活力。新质生产力提高了林区基础设施现代化水平，水利、信息、电力、防火设施得到合理布局。5G 网络和光纤设施等在林下经济重点林区的布设，满足了产业转型的基础设施需求。将电力设施建设纳入当地农网供电系统，优先采用新技术、新设备，并建设安全配套设施，为林业发展提供了基础保证。林业科学技术良好的驱动作用得到了有效发挥，解决了林业发展基层技术难题。

黑龙江省通过自身不断摸索，已经初步形成了四条特色鲜明、以林下经济为主体的转型发展路径：一是将黑龙江省林区打造成森林绿色食品聚集产出地，树立具有全国乃至世界影响力的品牌形象。二是构建森林旅游和森林康养为一体的绿色生态基地，在不影响生态环境的前提下大力建设生态游项目，将健康生态物质产品和服务产品紧密联系，结合路径一建立森林大健康产业体系。三是建设北方地道药材培育和生产加工中心，促进中药材产业生产规模化、集约化、标准化、精细化。四是发展林下特色牲畜家禽养殖业，坚持以林下猪、鹿为主体，辅以其他林下牲畜家禽的多元养殖策略。黑龙江省林业发展需要新质生产力的注入。在这一紧密结合的过程中，黑龙江省将不断优化林产品的供给侧结构性改革，在新质生产力的引领之下，不断丰富通过经营森林资源而获得的生态化物质产品和服务产品的价值实现路径，创新绿色转型发展产业模式，推动林下产业振兴，实现黑龙江省生态文明发展与林业现代化战略的有机统一。

本书根据新质生产力理论,分析了黑龙江省大兴安岭重点国有林区发展阶段。在传统生产力的基础上,加入了林业科技交流与推广服务人员、专业技术人员占在岗职工比例、第二产业产值占林业产业总产值比、第三产业产值占林业产业总产值比例及接续替代产业产值占林业总产值比例等指标,用以衡量国有林区不同年份新质生产力的发展阶段,从而为高质量发展提供理论研究基础,并对发展阶段存在的提出政策建议。

第三节 理 论 框 架

本书借助脱钩理论基本原理,分析了国有林区经济发展对于资源依赖的情况。通过选择资源保育系统层代表资源状况,产业发展系统层代表经济发展状况,对这两个系统层的脱钩情况进行了全面分析。基于区域产业结构理论,确定了对于黑龙江省大兴安岭重点国有林区的评价,从最初的资源依赖,逐渐转向对森林工业型企业的运营管理、民生福祉状况及支撑保障水平的重视,从而确定了研究的五个系统层及相应指标,形成了本书第三章内容。按照高质量发展理论,从五个系统层出发,评估国有林区不同年份所处的高质量发展进程,构成了本书的第三、第四章内容。依据系统耦合理论,分析复合系统层的耦合协调度,形成了本书的第五章内容。基于脱钩理论和理论及区域产业结构理论,本书对国有林区固碳增汇成效进行了全面评价。国有林区是重要的低碳、固碳、增汇区域,本书系统地评价了不同树种、树龄及林地类型的固碳能力、增汇路径,构成了本书的第六章内容。同时,根据高质量发展理论及新质生产力理论,针对大兴安岭重点国有林区在以高质量发展为目标下现阶段存在的问题,并依照新质生产力的指导思想,提出了国有林区未来的优化路径,从而形成了本书的第七、第八章内容。

第三章 国有林区高质量发展评价指标体系构建

评价指标体系是指由表征评价对象各方面特性及其相互联系的多个指标所构成的具有内在结构的有机整体。为了使评价指标体系具有科学化、规范化的特征，本章明确了评价指标体系的构建逻辑、基本原则、指标选取方法和过程、指标分类与释义，从而更为科学全面的评价国有林区高质量发展进程。

第一节 构建逻辑

一、构建目的

（1）将抽象的定性描述进行具象化表达，回答高质量发展的国有林区"是什么"。推动国有林区转型发展是一项系统工程，实现高质量发展更是一项长期、艰巨、复杂的任务，不仅直接关系到国有林区改革成果的进一步巩固和发展，还与繁荣林草产业、推动区域经济协调发展、改善林区职工生产生活质量、促进乡村振兴等密切相关。通过构建国有林区高质量发展评价指标体系，完善顶层设计与配套制度的有效供给，深化国有林区的改革与发展。

（2）将国有林区转型问题和高质量发展需求进行细化，回答高质量发展的国有林区"怎么建"。国有林区转型发展是我国历史发展的产物，在世界范围内并没有可直接借鉴和可复制的经验，如何准确把握国有林区转型发展的时代内涵，如何充分挖掘和利用现有数据科学研判国有林区转型发展进程和实现程度，如何系统把握促进国有林区林草产业繁荣与推动林区职工和居民生活质量提升的整体协调性，如何推动国有林区与地方深入融合发展，都需要进行更系统和更深入的探讨。依托指标体系，不但有利于从多维度、多主体、多视角评价国有林区转型发展情况，推动主管部门对国有林区转型发展成效及问题精准把脉，还有利于正确处理推进国有林区转型发展的总体安排与阶段性部署和政策体系与每项具体措施落实之间的关系，为国有林区高质量发展提供更好的决策支持。

二、构建依据

（1）准确把握森林工业型企业属于公益性企业的性质定位。国有林区改革后，结束了重点国有林区长期以来政企合一的情况，明确了中央与地方、政府与企业的主体责任与目标，形成了独具特色的森林资源管理体系。森林工业型企业是国有林区森林资源培育、保护与利用的主体，是国有森林资源的直接经营者，不仅以提供更多、更优质的森林生态产品为己任，还须对企业经营与职工生计负责。因此，在构建国有林区高质量发展评价指标体系的过程中，需要将森林工业型企业摆在重要位置，并将相关职责与任务考虑在内。

（2）考虑打破国有林区历史发展造成的边界壁垒。党的二十大报告中提出，着力推进城乡融合和区域协调发展，推动经济实现质的有效提升和量的合理增长的要求。国有林区区域封闭经济和区域小型社会的格局，造成了"企不企""事不事""农不农""工不工""城不城""乡不乡"的现状，使得现行相关政策无法惠及国有林区，导致林区职工的社会福利无法得到有效保障，公共服务待遇也无法及时优化。因此，在构建国有林区高质量发展评价指标体系的过程中，需要考虑国有林区与地方实现区域融合发展的问题，构筑高质量发展的经济布局与空间体系。

第二节　指　标　筛　选

一、基本原则

在黑龙江大兴安岭重点国有林区高质量发展评价指标体系的设计过程中，需要遵循以下原则。

（一）科学全面性

科学全面性要求黑龙江省大兴安岭重点国有林区高质量发展评价指标体系的

设计和选择应以经济学、管理学、系统学等交叉理论为依据，并紧密结合国有林区的现实状况。测量计算和统计方法必须遵循标准规范，确保评估结果的准确性和真实客观。评价指标并不是传统意义上的单项经济指标，而是需要能够全面地评价林区的综合发展水平，因此构建的黑龙江省大兴安岭重点国有林区高质量评价指标体系需要尽可能地覆盖全面。

（二）可操作性

可操作性原则一方面要求黑龙江省大兴安岭重点国有林区高质量发展评价指标体系要结合实际情况，另一方面要考虑数据的可获得性。筛选的指标必须结合林区所能收集程度进行设定，在指标设计时，要充分考虑数据易得、易统、易算，且具有统计意义的连续性和稳定性。评价指标的口径（含义、单位、年份等）对于各统计单位（各林业局、国家级自然保护区等）应尽可能地一致。在进行比较时，应注意控制数量指标，指标的设置在不同评价对象之间比较具有实际意义。

（三）代表性

代表性原则要求黑龙江省大兴安岭重点国有林区高质量发展评价指标的设立要具有代表性，这与科学全面性原则是相互统一的。因此，应尽量采用一些综合性较强的指标，即评价指标的数量既不能太多又能充分反映出林区发展的基本态势、主要过程和主要方面的实际状况。指标设定需要具有显著的层次性，对指标体系的各级指标分层进行设计，既要保证指标间的逻辑关系，又要保证指标的代表性，控制指标数量，避免指标冗余，方便评估活动的开展，降低评估的成本，提升评估准确性。

（四）独立性

在理论层面，指标体系的各个指标必须含义清楚、相对独立；同一层次的各指标之间没有因果关系、不相互重叠。然而，在实际操作时，研究区的生态、社会和经济复合系统之间是存在一定的相关性的，需要尽可能地避免选择高度相关的指标，提升指标的独立性和不相关性。

（五）定性与定量相结合

黑龙江省大兴安岭重点国有林区高质量发展评价指标体系应尽可能量化，保证评估的客观性。对于一些难以量化、其意义又重大的指标，可适度采用定性指标来描述。通过定性与定量相结合，使得指标体系更加合理、科学。

二、指标选取方法

黑龙江省大兴安岭重点国有林区高质量发展评价指标体系的构建过程和方法采用自下而上的方式。首先，对研究框架和指标库进行界定（初选），初选指标主要考虑指标的全面性。随后，再进一步开展指标的优选和精选。本书采用的指标筛选方法包括文献研究法、理论分析法、专家咨询法及定量检验法（表3-1）。

表3-1 指标选取方法特征

方法	过程	优缺点
文献研究法	对特定的研究对象，梳理相关的书籍、论文、报告中出现频次较高的因素，认为这些因素被广泛认可，可选作指标	一般具有较高的可行性，需要大量阅读文献资料
理论分析法	借助已有的研究结论，对已有定论的成果（研究内容的内涵、定义、目标等）进行引用参考	准确度高，但存在部分理论欠缺的情况
专家咨询法	咨询相关领域的专家，整理专家意见对指标进行处理	专业性和针对性强，但主观色彩浓厚
定量检验法	通过Cronbach α 系数的大小，评价内在信度的高低	结果客观、可靠性较高，但需要满足假设前提

（一）文献研究法

通过统计有关内容的论文、期刊、政策文件等的指标频次进行排序，根据次数来决定指标的选取。具体通过对期刊、报纸、杂志、书籍、互联网等各信息渠道，收集关于黑龙江省国有林区相关的资料和数据，获取大量与国有林区改革、成效评价、林区民生有关的文献和数据资料，进行分类整理，为本书奠定坚实基础。在图书馆和网上查阅和收集大量文献及数据资料，根据文献内容了解国内外研究现状，为探索国有林区高质量发展现状提供借鉴。

（二）理论分析法

借鉴福祉经济学、管理学、制度变迁理论等，从研究内容的内涵、定义、目标等来筛选指标，确定系统内容，把握并全面剖析国有林区发展过程中存在的问题以及改革对林区民生、森林工业型企业等产生的影响，并结合数据情况构建指标体系。

（三）专家咨询法

邀请林业经济管理、森林可持续经营、林业社会学等领域具有较高专业知识水平和丰富实践经验的专家，围绕黑龙江省大兴安岭重点国有林区高质量发展进行深入研讨，在基于上述文献研究法和理论分析法形成的初筛指标集的基础上，提出适合黑龙江省大兴安岭重点国有林区高质量发展的评价指标体系。

（四）定量检验法

运用信度分析测度拟构建的评价体系是否具有一定稳定性和可靠性。通过Cronbach α系数的大小，评价内在信度的高低。在经验上，如果Cronbach α系数大于0.9，则认为量表的内在信度很高；如果Cronbach α系数在0.7~0.8，则可以认为量表的设计存在问题，但是仍有一定参考价值；如果Cronbach α系数小于0.7，则认为量表设计上存在很大问题，应该重新设计。

三、筛选过程

按照国有林区高质量发展目标的相关内涵，系统搜集和整理了大量资料。通过对国有林区改革、转型、民生福祉、经济发展等方面的论文、报告、政策文件等进行分析统计，建立了黑龙江省大兴安岭重点国有林区高质量发展评价指标库。根据理论分析法和文献研究法，对初选指标进行增删。综合考量数据的可获取性、指标间的重复性、逻辑性等因素对其进行对比、取舍，并结合实地调研，向相关专家和学者进行多次多人的咨询讨论，以减少专家个人偏好的影响。同时，运用信度分析对指标稳定性进行检验，根据结果对指标进行反复调整，直至符合要求，最终确定指标体系各指标构成。

（一）指标初选

确定关键词为"国有林区""评价"，在文献搜索中查找到包括期刊、学位论文、会议、报纸等共计4366条文献结果。其中，聚焦到黑龙江地区的文献共计487条，进一步筛选出2014年以来的文献共计243篇。本书对其中构建指标体系的文献进行了深度研读，并对其中相关度较高的文献的指标体系进行了梳理总结（表3-2）。

表 3-2　主要文献指标集

文献
王玉芳和徐永乐（2014）生态功能区建设下国有林区产业转型效果评价：以大兴安岭林区为例
王玉芳等（2016）大小兴安岭国有林区转型发展进程评价
郭岩（2017）生态文明视域下黑龙江林区森林文化建设研究
朱晓柯和万志芳（2019）林业生态、产业和民生系统耦合协调的动态演进：以黑龙江省国有林区为例
李朝洪和赵晓红（2019）黑龙江省森工国有林区生态建设与经济转型协调发展研究
李洪山和高尚（2019）国有林区政府公共服务绩效评估指标设计研究
朱洪革等（2020）东北国有林区天保工程二期民生影响评价
曹娟娟和王玉芳（2020）重点国有林区森工集团转型能力评价与差异性分析
曹娟娟和王玉芳（2020）我国重点国有林区转型能力评价与预测
李朝洪等（2020）大小兴安岭国有林区产业转型绩效的驱动与障碍因素诊断
秦会艳等（2020）国有林区缓解贫困与生态保护共生协调度及应用研究
邹玉友等（2020）基于可行能力理论的国有林区主观福祉影响因素实证分析
万志芳和周也（2020）东北内蒙古国有林区资金投入与成效分析
李朝洪等（2021）国有林区天然林资源保护工程绩效评价：以黑龙江省重点国有林区为例
李朝洪等（2022）黑龙江省天保工程区绩效评价及其障碍因子甄别
刘倩倩等（2023）黑龙江省国有林区生态产业化发展水平测度及障碍因子分析

在筛选的指标体系中，剔除掉重复指标，共选出92个代表性指标，分别涵盖黑龙江省国有林区资源、产业、经济、社会保障、支撑基础及企业经营管理能力、创新合作交流体系等各方面（表3-3）。

表 3-3　初选集

序号	指标层	序号	指标层
1	森林覆盖率	7	林地保有量
2	森林蓄积量	8	森林保有量
3	乔木林单位面积蓄积量	9	森林面积
4	迹地更新面积	10	林地面积
5	年末实有封山（沙）育林面积	11	自然保护区面积
6	年末实有森林管护面积	12	野生动植物保护及自然保护区投资额

续表

序号	指标层	序号	指标层
13	自然公园面积	44	资金自给率
14	国家级自然保护地面积占施业区面积比例	45	非木制林产品制造业区位商
15	苗木产量	46	家具制造业区位商
16	育苗面积	47	森林旅游区位商
17	经济增长率	48	流动资金利润率
18	木材产量	49	劳动生产率
19	木材销售量	50	企业就业指数
20	木地板产量	51	R&D 投入
21	人均 GDP	52	综合科技进步指数
22	投资中非国家投资比例	53	林业良种使用率
23	非林产业产值占林业总产值的比例	54	专业技术人员占在岗职工比例
24	林业产业总产值	55	林业科技交流与推广服务人员
25	林业产业增加值	56	林产品外贸增长率
26	全员劳动生产率	57	从业人员流动率
27	产销率	58	境外采伐木材
28	林业区位商	59	境外加工板材
29	市场占有率	60	招商引资
30	多种经营占比	61	林业产业就业人数
31	非木制林产品加工第二产业中比例	62	在岗职工年均工资
32	家具制造第二产业中比例	63	离退休人员年均生活费
33	森林旅游第三产业中比例	64	离退休人员年生活费增长率
34	林业产值中第三产业比例	65	年末参加基本医疗保险人数比例
35	林业总产值中高污染产业比例	66	年末参加基本养老保险人数比例
36	林下经济产值	67	林区职工上访率
37	森林绿色食品产值	68	林区消费投诉率
38	森林生态旅游产值	69	林区对民主法制满意度
39	食用菌产品产量	70	刑事案件发生率
40	第一产业产值占林业产业总产值比例	71	家庭暴力投诉反应率
41	第二产业产值占林业产业总产值比例	72	森林火灾受害率
42	第三产业产值占林业产业总产值比例	73	森林病虫害发生率
43	接续替代产业产值占林业总产值比例	74	林业有害生物防治率

续表

序号	指标层	序号	指标层
75	工业废水排放达标率	84	企业自筹资金
76	三废综合利用产品产值	85	政府投资占比
77	工业废水排放量	86	年内完成林业产业发展投资总额
78	工业二氧化硫排放量	87	年内完成林业支撑与保障投资总额
79	森林管护职工占从业人员比例	88	在册林业公路
80	专业扑火队的数量	89	在册桥梁
81	林业教育投资额	90	在册涵洞
82	林业固定资产投资增长率	91	黑龙江省城镇居民消费价格指数
83	林业固定资产投资	92	恩格尔系数

（二）指标设定

在指标筛选过程中，筛选出引用次数较多的指标，剔除含义重复的指标。其中，森林覆盖率、森林蓄积量、林地面积、自然保护区面积、自然公园面积、国家级自然保护地面积占施业区面积比例、林业产业总产值、林业产业增加值、第一产业产值占林业产业总产值比例、第二产业产值占林业产业总产值比例、第三产业产值占林业产业总产值比例、接续替代产业产值占林业总产值比例、企业就业指数、林业科技交流与推广服务人员、在岗职工年均工资、离退休人员年均生活费、年末参加基本医疗保险人数比例、年末参加基本养老保险人数比例、森林火灾受害率、林业有害生物防治率、林业固定资产投资及企业自筹资金共22个指标使用率较高，引用到本书中。

结合国有林区高质量转型发展的需求和目标，对指标体系进行完善补充。首先，在指标体系中缺少重要的种苗情况指标，而种苗的培育情况与林区发展息息相关，高质量培育优良种苗，对于改善生态系统、为生态保护修复提供幼苗储备以及推动林业产业化发展具有重要的保障作用。因此，选择苗木产量、育苗面积代表种苗发展程度。

在森林工业型企业发展运营层面，流动资金量最能代表企业的发展实力及企业的业务能力，因此在指标体系中加入流动资金利润率。而企业良性发展除了扩大内需及良性经营外，还需要在国际贸易角度增加经济发展实力，加强国际交流与合作；通过招商引资的方式，获取社会化的资金支持。因此，选择境外采伐木材、境外加工板材、招商引资指标对森林工业型企业经营发展能力评价进行补充。

人才是企业最重要的资源和核心竞争力之一，企业要取得长期成功并保持竞争优势，必须致力于有效管理并发展人才资源。本书选择劳动生产率代表企业发展中员工的工作效率，专业技术人员占在岗职工比例代表高素质人才在企业中的占比，从业人员流动率代表企业发展人员工作的稳定性，稳定的工作环境有利于增强员工的归属感及工作效率。除了基础的企业经营管理人员，森林管护是森林工业型企业重要的职责之一，减少森林损失及破坏与增加林木生态、经济等多功能效益同样重要。因此，选择森林管护职工占从业人员比例代表企业对森林管护强度，专业扑火队的数量代表森林工业型企业对森林防灾减灾的应对能力。

在原有指标体系中缺少代表发展区基础设施情况的数据，区域的高质量发展主要依托道路、交通、水电等基础设施的支撑保障，根据数据的可获得性，选择在册林业公路、在册桥梁及在册涵洞代表黑龙江省大兴安岭重点国有林区的基础设施情况。指标初步设定后，召开专家咨询会，围绕初步选定的指标体系听取专家意见。

最后，通过文献筛选、高频引用、对高质量发展目标的缺失指标补充、专家论证以及根据数据的可获得性及年度的连续性，共筛选出36个指标体系，具体如表3-4所示。

（三）指标体系可信度检验

本书对获取的指标进行标准化处理，并对指标体系的稳定性进行检验（表3-5）。由表3-6可知共36项，样本量为21个，Cronbach α 系数值为0.919，标准化Cronbach α 系数为0.904，均大于0.900，因而说明研究数据信度质量很高。针对"项已删除的Cronbach α 系数"，X7、X8、X11、X15、X20、X21、X29、X32、X33、X34、X35、X36如果被删除，信度系数会有较为明显的上升，因此可考虑对这些项进行修正处理。

针对CITC值，由于X7、X8、X21、X30、X32、X33、X34、X35、X36对应的CITC值的绝对值小于0.400，说明其与其余分析项的关系弱，需对数据进行校正。校正后结果信度系数值均高于0.900，综合说明数据信度质量较高，可用于进一步分析。

表 3-4 筛选集

序号	指标层	单位	序号	指标层	单位
X1	森林覆盖率	%	X19	林业科技交流与推广服务人员	人
X2	森林蓄积量	m³	X20	从业人员流动率	%
X3	林地面积	hm²	X21	境外采伐木材	m³
X4	自然保护区面积	hm²	X22	境外加工板材	m³
X5	自然公园面积	hm²	X23	招商引资	万元
X6	国家级自然保护地面积占施业区面积比例	%	X24	在岗职工年均工资	元
X7	苗木产量	万株	X25	离退休人员年均生活费	元
X8	育苗面积	hm²	X26	年末参加基本医疗保险人数比例	%
X9	林业产业总产值	万元	X27	年末参加基本养老保险人数比例	%
X10	林业产业增加值	万元	X28	森林火灾受害率	%
X11	第一产业产值占林业产业总产值比例	%	X29	林业有害生物防治率	%
X12	第二产业产值占林业产业总产值比例	%	X30	森林管护职工占从业人员比例	%
X13	第三产业产值占林业产业总产值比例	%	X31	专业扑火队的数量	支
X14	接续替代产业产值占林业总产值比例	%	X32	林业固定资产投资	万元
X15	流动资金利润率	%	X33	企业自筹资金	万元
X16	劳动生产率	%	X34	在册林业公路	km
X17	企业就业指数	%	X35	在册桥梁	座
X18	专业技术人员占在岗职工比例	%	X36	在册涵洞	座

表 3-5 稳定性检验

名称	校正项总计相关性（CITC）	项已删除的 Cronbach α 系数	名称	校正项总计相关性（CITC）	项已删除的 Cronbach α 系数
X1	0.846	0.912	X7	0.050	0.921
X2	0.727	0.914	X8	0.254	0.919
X3	0.954	0.909	X9	0.792	0.913
X4	0.938	0.910	X10	0.847	0.912
X5	0.928	0.910	X11	−0.442	0.927
X6	0.912	0.911	X12	0.704	0.914

续表

名称	校正项总计相关性（CITC）	项已删除的 Cronbach α 系数	名称	校正项总计相关性（CITC）	项已删除的 Cronbach α 系数
X13	0.689	0.914	X25	0.941	0.910
X14	0.983	0.910	X26	0.816	0.912
X15	−0.565	0.927	X27	0.677	0.914
X16	0.986	0.909	X28	0.512	0.917
X17	0.874	0.911	X29	−0.904	0.934
X18	0.499	0.917	X30	0.359	0.918
X19	0.840	0.911	X31	0.582	0.916
X20	−0.431	0.925	X32	−0.138	0.922
X21	0.071	0.921	X33	0.154	0.921
X22	0.723	0.914	X34	0.029	0.922
X23	0.684	0.915	X35	−0.196	0.926
X24	0.934	0.910	X36	−0.345	0.924

表 3-6　Cronbach α 信度分析–简化格式

项数/项	样本量/个	Cronbach α 系数	标准化 Cronbach α 系数
36	21	0.919	0.904

第三节　指标体系及释义

一、系统层分类依据

通过对国有林区转型能力、效果及发展进程等相关文献进行研究发现，学者们多基于可持续发展、现代林业、生态经济学等理论，从生态或资源、产业或经济、民生或社会三大系统对国有林区进行评价（兰月竹和吕杰，2013；刘峥晖等，2016；徐玮等，2018）。综合来看，主要是从管理学生产力的视角，对人力、物力及财力的要素资源进行界定。然而，为了更为全面地评价国有林区，不能忽略森林企业在国有林区的重要影响。因此，有必要增加代表生产关系的企业管理维度，以及代表上层建筑的国有林区年度性支撑保障体系情况。基于此，本书在参考学者们提出的高质量发展指标体系、林业现代化指标体系以及国有林区转型发展相关研究成果基础上，从生产力、生产关系及上层建筑三个维度，综合构建了指标体系。

生产力主要指依托要素资源禀赋发挥的经济及社会效益情况（张巍等，2021），现有研究多基于生产力角度，从生态系统、产业发展状况以及民生福祉角度评价国有林区转型后的发展状况。生产关系是指组织机构及管理体制对要素资源的调动及激励情况（陈凤娣和廖萍萍，2022）。森林工业型企业在国有林区的发展历程中起着特殊且重要的作用，其管理能力直接影响着国有林区经济、社会及民生发展。因此，需要从生产关系角度分析企业管理能力，对存在的问题进行政策性干预（李朝洪等，2020）。上层建筑是从组织内部及外部环境角度出发，通过规章制度工具和基础设施保障等，维持正常的生产关系，促进生产力发展（张滨和吕洁华，2020）。国有林区生态建设、民生工程及社会发展等均需要人才、资金、基础设施、防火能力等作为支撑保障。因此，构建支撑保障系统，实质上是上层建筑职能的体现。

二、指标体系分层

结合现有文献的评价分类，从指标选择的全面性角度出发，在资源保育、产业发展、民生福祉的基础上，增加企业管理和支撑保障两个维度，从5个系统层和14个准则层初步选取评价指标因子，经筛选剔除，最终得到36个指标因子，构建出反映黑龙江省大兴安岭重点国有林区高质量发展的评价指标体系，具体如下。

（一）资源保育系统层

黑龙江省大兴安岭重点国有林区的核心发展任务是落实林区资源保育，恢复完备的林区生态系统（李朝霞，2014）。资源保育能力的高低具体表现为资源存量现状、资源保护力度以及资源培育能力（李朝洪等，2021）。对于林区的发展，森林覆盖率、林地面积等森林资源指标代表着资源存量现状，自然地体系指标代表资源保护力度，苗木资源代表资源培育能力。因此，本书选择森林覆盖率、森林蓄积量及林地面积三个指标作为森林资源评价指标，选择自然保护区面积、自然公园面积、国家级自然保护地面积占施业区面积比例三个指标作为自然保护地资源评价指标,选择苗木产量、育苗面积两个指标作为苗木资源评价指标。所有指标均属于正向指标。

(二) 产业发展系统层

产业能力的内生增长,除了用林业产值进行综合评价以外,产业结构的优化也是衡量国有林区产业发展阶段的重要指标(朱晓柯和万志芳,2019)。本书选取林业产业总产值和林业增加值评价产业实力,用三次产业及接续替代产业产值与林业总产值比例评价产业结构。随着天保工程的实施,研究区的产业结构逐渐由以木材采运与加工为主的第一、第二产业向以森林旅游、服务业为主的第三产业以及三次产业融合转变(李朝洪等,2020)。因此,本书将第一、第二产业产值与总产值的比例设置为负向指标,产业结构对林业第一、第二产业的依赖度越低,代表转型发展程度越好(朱震锋等,2016b)。三次产业及接续替代产业产值占林业产业总产值比例作为正向指标,综合分析产业层面国有林区的转型发展情况(朱晓柯等,2016)。

(三) 企业管理系统层

研究区在转型过程中实施政企分离改革,依托企业运营模式,增强管理的灵活度(王玉芳等,2018)。对企业管理成效需要从企业内部自身及外部决策环境两个方面评价。对于企业内部的管理体系,根据柯布-道格拉斯生产函数,评价质量及产量的重要因素是劳动力、资金及科技进步,而反映企业管理质量的有效指标是经营效率(余亮亮和蔡银莺,2015)。同时,创新能力是企业运行的内生动力。对于企业外部决策环境,内部的人员流动及招商引资等以及国外的境外业务贸易往来等合作交流领域,也会对增加林产品附加值、提升企业运营管理能力产生扰动作用(王非等,2016)。因此,本书主要从人才、资金、科技三个维度,构建经营效率、创新驱动、交流合作三个控制层,评价企业内部管理能力。具体而言,分别选择流动资金利润率、劳动生产率、企业就业指数三个指标代表企业管理的经营效率,选择专业技术人员占在岗职工比例、林业科技交流与推广服务人员两个指标代表创新驱动能力,选择从业人员流动率、境外采伐木材、境外加工板材、招商引资四个指标代表企业的交流合作能力。

（四）民生福祉系统层

民生受到医疗、卫生、教育、就业等多维度影响，研究区为了应对产业结构调整，部分森林工业型企业采取政策性破产措施。解决职工及离退休人员的生活和养老问题，成为首要且最基础的福祉问题（李朝洪等，2021）。在生活上，工资收入是保证职工生活的主要资金来源，而基本保险是解决广大群众养老、医疗等生活需求的基本保障（朱晓柯和万志芳，2019）。因此，本书从工资收入和基本保险两个维度评价民生福祉，选取在岗职工年平均工资和离退休人员年均生活费两个指标评价工资收入，选取年末参加基本医疗保险人数比例和年末参加基本养老保险人数比例两个指标评价基本保险情况。

（五）支撑保障系统层

组织机构的正常运营，需要有相对完备的支撑保障体系，国有林区特有的历史发展过程和属性，决定了支撑保障体系中需要构建防火、防虫等灾害防控体系，林地管护过程中的人力保障，企业运营中稳定的固定及流动资金，以及公路、桥梁等完善的配套基础设施（干勇等，2021）。因此，本书基于灾害防控、管护人力、资金投入及基础设施四个维度评价国有林区的支撑保障能力，其中选取森林火灾受害率、林业有害生物防治率两个指标代表灾害防控能力，选取森林管护职工占从业人员比例、专业扑火队的数量两个指标代表管护人力情况，选取林业固定资产投资、企业自筹资金两个指标代表资金投入，选取在册林业公路、在册桥梁及在册涵洞三个指标代表基础设施状况（李饮英和白冰，2017）。在支撑保障体系中，期望灾害发生的几率越低越好，因此将森林火灾受害率设置为负向指标，其余为正向指标（表3-7）。

三、指标解释

（1）森林覆盖率：指一定时期内区域内森林面积占各类土地总面积的比例。在计算森林覆盖率时，森林面积包括郁闭度0.2以上的乔木林地面积和竹林地面积、国家特别规定的灌木林地面积、农田林网以及四旁（村旁、路旁、水旁、宅旁）林木的覆盖面积。

表 3-7 综合评价指标体系

系统层	控制层	指标层	指标性质
资源保育	森林资源	森林覆盖率	正向
		森林蓄积量	正向
		林地面积	正向
	自然保护地资源	自然保护区面积	正向
		自然公园面积	正向
		国家级自然保护地面积占施业区面积比例	正向
	苗木资源	苗木产量	正向
		育苗面积	正向
产业发展	产业实力	林业产业总产值	正向
		林业产业增加值	正向
	产业结构	第一产业产值占林业产业总产值比例	负向
		第二产业产值占林业产业总产值比例	负向
		第三产业产值占林业产业总产值比例	正向
		接续替代产业产值占林业产业总产值比例	正向
企业管理	经营效率	流动资金利润率	正向
		劳动生产率	正向
		企业就业指数	正向
	创新驱动	专业技术人员占在岗职工比例	正向
		林业科技交流与推广服务人员	正向
	交流合作	从业人员流动率	正向
		境外采伐木材	正向
		境外加工板材	正向
		招商引资	正向
民生福祉	工资收入	在岗职工年均工资	正向
		离退休人员年均生活费	正向
	基本保险	年末参加基本医疗保险人数比例	正向
		年末参加基本养老保险人数比例	正向

续表

系统层	控制层	指标层	指标性质
支撑保障	灾害防控	森林火灾受害率	负向
		林业有害生物防治率	正向
	管护人力	森林管护职工占从业人员比例	正向
		专业扑火队的数量	正向
	资金投入	林业固定资产投资	正向
		企业自筹资金	正向
	基础设施	在册林业公路	正向
		在册桥梁	正向
		在册涵洞	正向

（2）森林蓄积量：是指一定面积森林中现存各种活立木的材积总量。

（3）林地面积：是指郁闭度0.2以上的乔木林地以及竹林地、疏林地、未成林造林地、灌木林地、采伐迹地、火烧迹地、苗圃地和县级以上人民政府规划的宜林地的面积总数。

（4）自然保护区面积：是以保护各种重要的生态系统及其环境，拯救濒临灭绝的物种，保护自然历史遗产为目的而划定的典型地域的面积。自然保护区包括丰富的物种资源分布区、珍稀动植物分布区、典型生态系统区、特定自然风景区、名川巨河的水源涵养区、具有参照标准的自然剖面和化石群产地，以及一些尚为人们所不认识而在探索中的有特殊意义的自然区域。它还包括少部分曾受人为影响但尚能维持生态系统正常功能的区域，以及个别曾受到严重破坏又必须加以恢复的地区。

（5）自然公园面积：是指保护重要的自然生态系统、自然遗迹和自然景观，具有生态、观赏、文化和科学价值，可持续利用的区域，包括森林公园、地质公园、海洋公园、湿地公园等各类自然公园的面积。研究区的自然公园仅包括森林公园面积与湿地公园面积之和。

（6）国家级自然保护地面积占施业区面积比例：研究区的国家级自然保护地面积占施业区面积比例是指黑龙江省大兴安岭重点国有林区范围内国家级自然保护区与国家级自然公园的面积之和占黑龙江省大兴安岭重点国有林区总面积的比例。其中，研究区的国家级自然保护区包括北极村国家级自然保护区、双河国家级自然保护区、盘中国家级自然保护区、岭峰国家级自然保护区、呼中国家级自然保护区、绰纳河国家级自然保护区、南瓮河国家级自然保护区、多布库尔国家级自然保护区。

(7) 苗木产量：苗圃内具有根系和苗干的树苗，出圃前的总数量。

(8) 育苗面积：为营造新林和更新森林而培育苗木所占用的苗圃面积，包括新育面积、留床面积和移植面积。新育面积指本年新播种或新插条的育苗面积。留床面积指以往各年培育的苗木，至本年尚未出圃或移植需继续留床培育的面积。移植面积是将苗木进行移植的新面积，新育或留床的苗木如已进行移植，只计算移植后的新面积，原来的面积不再计算。育苗面积时，应包括用于育苗的临时性灌溉排水设施和苗床间的步道等占地面积。育苗面积按实际占地面积计算，本年内在同一块地上播种、插条和出圃几次，都只算一次育苗面积。

(9) 林业产业总产值：一年内以货币形式表现的林业全部产品的总量。

(10) 林业产业增加值：当年林业产值比上一年度产值增加量。

(11) 第一产业产值占林业产业总产值比例：林业第一产业包括林木的培育和种植、木材和竹材的采运、经济林产品的种植与采集、花卉的种植、陆生野生动物繁育与利用及林业生产辅助服务等产生的年度销售收益总和与当年林业产业总产值的比值。

(12) 第二产业产值占林业产业总产值比例：林业第二产业（包括木材加工及制品业、人造板制造业、木竹造纸及纸制品业、林产化学加工业、木竹工艺及其他制品业等）年度销售总收益与当年林业产业总产值的比值。

(13) 第三产业产值占林业产业总产值比例：林业第三产业包括林业旅游与休闲服务、林业生态服务、林业专业技术服务、林业公共管理及其他组织服务、林产品、果茶、木竹材及其加工制品批发零售业等年度总收益与当年林业产业总产值的比值。

(14) 接续替代产业产值占林业总产值比例：为林产品种植与采集、花卉及其他观赏植物种植、陆生野生动物繁育与利用、生物质能源、非木质林产品加工制造、绿色矿业和林业旅游与休闲服务六个产业产值之和占林业总产值的比例。

(15) 流动资金利润率：流动资金利润率是实现利润与流动资金平均占用额的比率。流动资金利润率也可以以流动资金周转次数和成本利润率的乘积来表示。它通过资金占用水平来反映流动资金使用效果。有两种表示形式，一种是流动资金利润率，另一种是每百元流动资金所实现的利润。流动资金周转越快，一定期间完成的周转额越大，每元周转额实现的利润也越多，使得流动资金利润率上升；反之，流动资金利润率则会下降。由于流动资金利润率具有较大的综合性，涉及产量、资金、成本、利润等各个重要方面，既是反映流动资金使用效果的指标，也是综合反映企业经济效益的一项指标。通过不同时期资金利润率指标的对比，可以考察企业实现利润与资金占用的关系，评价企业各项主要经济指标完成情况，促使企业进一步改善和加强经营管理，讲求经济核算，厉行节约，全面提高企业的经济效益。同时，流动资金利润率可以用来预测、计划、控制流动资金占用水平。

（16）劳动生产率：是指劳动者在一定时期内创造的劳动成果与其相适应的劳动消耗量的比值。劳动生产率水平可以用同一劳动在单位时间内生产某种产品的数量来表示，单位时间内生产的产品数量越多，劳动生产率就越高；也可以用生产单位产品所耗费的劳动时间来表示，生产单位产品所需要的劳动时间越少，劳动生产率就越高。

（17）企业就业指数：是指在岗职工与在册职工人数的比值。

（18）专业技术人员占在岗职工比例：专业技术人员分为专业技术人员社会化评价和列入政府管理范围的专业技术人员职业资格两种。专业技术人员占在岗职工比例是指具有专业技术职业资格的从业人员与在岗职工总人数的比值。

（19）林业科技交流与推广服务人员：国有林区森林工业型企业中从事林业科技交流、推广服务等工作的总人数。

（20）从业人员流动率：是指调入人员与调出人员的总和与从业总人数的占比。

（21）境外采伐木材：由于全面停伐，大兴安岭重点国有林区产生大量富余职工和闲置设备，为把"负担"变成"资源"，大兴安岭地区充分利用毗邻俄罗斯的区位条件，加强转岗职工技术培训，积极开展对外劳务输出，组织职工到境外去采伐。该指标为年度在境外采伐木材总量。

（22）境外加工板材：在境外采伐木材后，直接加工成板材总量。

（23）招商引资：指地方政府（或地方政府成立的开发区）吸收投资（主要是非本地投资者）的活动。地方政府（或地方政府成立的开发区）以说服投资者受计土地或租赁厂房为主要表现形式的，针对一个地区的投资环境的销售行为。

（24）在岗职工年均工资：年度内国有林区森林工业型企业所有在职职工年

度工资的平均值。

（25）离退休人员年均生活费：森林工业型企业退休人员年度用于生活费用的平均值。

（26）年末参加基本医疗保险人数比例：年末缴纳参与基本医疗保险人数占总人数的比值。

（27）年末参加基本养老保险人数比例：年末缴纳参与基本养老保险人数占总人数的比值。

（28）森林火灾受害率：森林中年度发生火灾面积与森林总面积的比例。

（29）林业有害生物防治率：对于林业虫害、鼠害、病害及有害植物等采取防治措施的面积占发生面积的比例。

（30）森林管护职工占从业人员比例：森林工业型企业中从事森林管护的职工人数占从业人员总人数的比例。

（31）专业扑火队的数量：森林工业型企业配备的专业扑火队数。

（32）林业固定资产投资：以货币形式表现的、企业在一定时期内建造和购置固定资产的工作量以及与此有关的费用变化情况，包括企业用于基本建设、更新改造、大修理和其他固定资产投资等。

（33）企业自筹资金：指企业筹措的基本建设资金和流动资金的总称。自筹资金由各地方、各部门、各企业及各行政、事业单位独立地、自主地筹集和使用。在国家规定的自筹资金指标范围内，按照财政管理制度的规定，由各地方、各部门、各企业及各行政、事业单位自收自支，自行管理，十分灵活。

（34）在册林业公路：登记在册的年度林业公路公里数。

（35）在册桥梁：登记在册的年度建成并使用的桥梁数量。

（36）在册涵洞：登记在册的年度建成并使用的涵洞数量。

第四章　黑龙江省大兴安岭重点国有林区高质量发展进程评价

在近20年的发展过程中，黑龙江省大兴安岭重点国有林区依靠天保工程等中央财政资金，通过培育接续替代产业、化解企业历史债务、妥善安置富余分流人员等举措，在保护修复森林资源的同时，改善了林业职工及社区居民的生产生活条件，区域定位与经济社会发展都发生了深刻变化，其改革成效、困境与得失成为学者关心的热点话题。本章通过构建指标体系采用熵权TOPSIS法和GM(1，1)模型，分析国有林区高质量发展进程及未来发展趋势，为指导国有林区持续深化改革，促进区域经济协调发展，维护国家生态安全、国防安全、木材储备安全提供决策参考。

第一节　指标权重确定及阶段划分

一、权重计算

（一）熵权法

鉴于熵权法赋权能更加客观地反映指标区分能力（马艳梅等，2015），本书采用熵权法反映评价指标的重要程度。首先，将2001~2020年所有价值量转化为2000年价格计算的价值量。其中，林业产业总产值、林业产业增加值采用国内生产总值指数（上年=100）进行平减；在岗职工年均工资、离退休人员年均生活费采用消费者价格指数（上年=100）进行平减；招商引资、林业固定资产投资、企业自筹资金采用固定资产投资价格指数（上年=100）进行平减。其次，采用 Min-Max 标准化方法对所有数据进行标准化处理。最后，计算评价指标信息熵和熵权，计算公式如下。

$$x_{ij} = \begin{cases} \dfrac{x_{ij}^0 - \min(x_{ij}^0)}{\max(x_{ij}^0) - \min(x_{ij}^0)}, & \text{当 } x_{ij}^0 \text{ 为正指标} \\ \dfrac{\max(x_{ij}^0) - x_{ij}^0}{\max(x_{ij}^0) - \min(x_{ij}^0)}, & \text{当 } x_{ij}^0 \text{ 为负指标} \end{cases} \quad (4-1)$$

$$e_i = -\frac{1}{\ln n} \sum_{j=1}^{n} \frac{x_{ij}}{\sum\limits_{j=1}^{n} x_{ij}} \ln \frac{x_{ij}}{\sum\limits_{j=1}^{n} x_{ij}} \quad (4-2)$$

$$w_i = \frac{1 - e_i}{\sum\limits_{i=1}^{m}(1 - e_i)} \quad (4-3)$$

式中，x_{ij} 为第 i 个指标在第 j 年的标准化值，$i \in [1, m]$，$j \in [1, n]$，m 为指标个数，n 为年份；e_i 为第 i 个指标 x_{ij} 的熵；w_i 为第 i 个指标的熵权。

（二）熵权 TOPSIS 法

鉴于熵权 TOPSIS 法能够充分利用原始数据信息，精确反映评价目标之间的差距（余永琦等，2022），本书采用熵权 TOPSIS 法对各年度的目标值进行评价。首先计算各指标的加权目标值，再基于加权目标值，运用 TOPSIS 法计算时间序列上的发展进程评价指数（鲁春阳等，2011），计算公式如下。

$$z_{ij} = x_{ij} \times w_i \quad (4-4)$$

$$D_j^+ = \sqrt{\sum_{i=1}^{m}(z_{ij} - z_i^+)^2} \quad (4-5)$$

$$D_j^- = \sqrt{\sum_{i=1}^{m}(z_{ij} - z_i^-)^2} \quad (4-6)$$

$$E_j = \frac{D_j^-}{D_j^- + D_j^+} \quad (4-7)$$

式中，z_{ij} 为对应指标的加权目标值；E_j 为转型发展进程评价指数，$0 \leq E_j \leq 1$；z_i^+ 和 z_i^- 分别为 z_{ij} 的最优解和最劣解，$z_i^+ = \{\max z_{ij} \mid i = 1, 2, \cdots, m\} = \{z_1^+, z_2^+, \cdots, z_m^+\}$，$z_i^- = \{\min z_{ij} \mid i = 1, 2, \cdots, m\} = \{z_1^-, z_2^-, \cdots, z_m^-\}$；$D_j^+$、$D_j^-$ 为正负理想解之间的距离。

二、发展进程趋势模拟

由于社会经济系统存在随机干扰因素,而灰色理论可以剔除无规则的干扰成分,揭示发展规律(李朝洪和赵晓红,2019),因此本书借助灰色系统 GM(1,1)预测模型模拟研究区未来的发展趋势。首先采用灰色系统 GM(1,1)模型拟合黑龙江省大兴安岭重点国有林区 2000~2020 年的灰色预测值,再基于政策稳定的前提,对"十四五"期间的发展趋势进行模拟,表达式如下:

$$\hat{E}^{(1)}(k+1) = \left[E^{(0)}(1) - \frac{u}{a}\right]e^{-ak} + \frac{u}{a} \quad (4-8)$$

$$\hat{E}^{(0)}(k+1) = \hat{E}^{(1)}(k+1) - \hat{E}^{(1)}(k) \quad (4-9)$$

式中,$\hat{E}^{(0)} = \{E^{(0)}(1), E^{(0)}(2), \cdots, E^{(0)}(n)\}$ 为熵权 TOPSIS 模型测算出的原始一阶数据序列;$\hat{E}^{(1)} = \{E^{(1)}(1), E^{(1)}(2), \cdots, E^{(1)}(n)\}$ 为一次累加序列;a 为发展灰数;u 为内生控制灰数;$k = 0, 1, 2, \cdots, n$。

三、发展进程阶段划分

参照文献王玉芳等(2016)、李朝洪等(2021)将黑龙江省大兴安岭重点国有林区发展进程评价指数划分为五个层次。发展进程评价指数的大小反映国有林区发展进程的水平,评价指数越大,表明发展的进展越好。具体划分情况见表 4-1。

表 4-1 黑龙江省大兴安岭重点国有林区发展进程层次划分

层次	评价指数范围	解释
E1	$0 \leq E_j < 0.2$	止步不前
E2	$0.2 \leq E_j < 0.4$	有所起色
E3	$0.4 \leq E_j < 0.6$	初见成效
E4	$0.6 \leq E_j < 0.8$	成效明显
E5	$0.8 \leq E_j < 1$	良性发展

第二节　各系统层发展进程情况

本书利用熵权法分别测算了资源保育、产业发展、企业管理、民生福祉及支撑保障五个子系统权重，以及所有指标构成的综合权重及熵值（表4-2），将指标层的熵值相加，测度2000～2020年森林资源、产业实力、经营效率、工资收入等控制层指标的年度变化趋势。结合测算结果，分别从各系统层分析黑龙江省大兴安岭重点国有林区发展进程情况。

表4-2　黑龙江省大兴安岭重点国有林区发展进程综合评价指标体系

系统层	控制层	指标层	指标性质	子系统权重	综合权重	熵值
资源保育	森林资源	森林覆盖率	正向	0.144	0.034	0.013
		森林蓄积量	正向	0.138	0.032	0.011
		林地面积	正向	0.170	0.040	0.019
	自然保护地资源	自然保护区面积	正向	0.155	0.037	0.016
		自然公园面积	正向	0.126	0.030	0.018
		国家级自然保护地面积占施业区面积比例	正向	0.102	0.024	0.013
	苗木资源	苗木产量	正向	0.080	0.019	0.007
		育苗面积	正向	0.084	0.020	0.010
产业发展	产业实力	林业产业总产值	正向	0.185	0.030	0.011
		林业产业增加值	正向	0.176	0.028	0.011
	产业结构	第一产业产值占林业产业总产值比例	负向	0.164	0.026	0.009
		第二产业产值占林业产业总产值比例	负向	0.084	0.014	0.009
		第三产业产值占林业产业总产值比例	正向	0.246	0.040	0.015
		接续替代产业产值占林业总产值比例	正向	0.146	0.023	0.013
企业管理	经营效率	流动资金利润率	正向	0.125	0.033	0.012
		劳动生产率	正向	0.107	0.028	0.014
		企业就业指数	正向	0.077	0.020	0.013
	创新驱动	专业技术人员占在岗职工比例	正向	0.180	0.048	0.021
		林业科技交流与推广服务人员	正向	0.033	0.009	0.005

续表

系统层	控制层	指标层	指标性质	子系统权重	综合权重	熵值
企业管理	交流合作	从业人员流动率	正向	0.077	0.021	0.008
		境外采伐木材	正向	0.053	0.014	0.008
		境外加工板材	正向	0.180	0.048	0.015
		招商引资	正向	0.169	0.045	0.011
民生福祉	工资收入	在岗职工年均工资	正向	0.381	0.042	0.016
		离退休人员年均生活费	正向	0.353	0.039	0.016
	基本保险	年末参加基本医疗保险人数比例	正向	0.162	0.018	0.013
		年末参加基本养老保险人数比例	正向	0.104	0.012	0.009
支撑保障	灾害防控	森林火灾受害率	负向	0.023	0.005	0.005
		林业有害生物防治率	正向	0.136	0.031	0.013
	管护人力	森林管护职工占从业人员比例	正向	0.054	0.012	0.005
		专业扑火队的数量	正向	0.094	0.021	0.010
	资金投入	林业固定资产投资	正向	0.146	0.033	0.007
		企业自筹资金	正向	0.359	0.082	0.017
	基础设施	在册林业公路	正向	0.086	0.020	0.012
		在册桥梁	正向	0.078	0.018	0.013
		在册涵洞	正向	0.025	0.006	0.005

一、资源保育系统层发展进程情况

根据指标体系得到资源保育系统层，如表4-2所示，林地面积、自然保护区面积、森林覆盖率三个指标是推动资源保育层发展的主要因子。由图4-1可知，资源保育系统层发展进程总体呈现年度性递增趋势，其中森林资源控制层增长趋势最为明显，自然保护地及苗木资源控制层从2012年后相对趋于稳定。

二、产业发展系统层发展进程情况

对于产业发展系统层，由表4-2可知，第三产业产值占林业产业总产值比

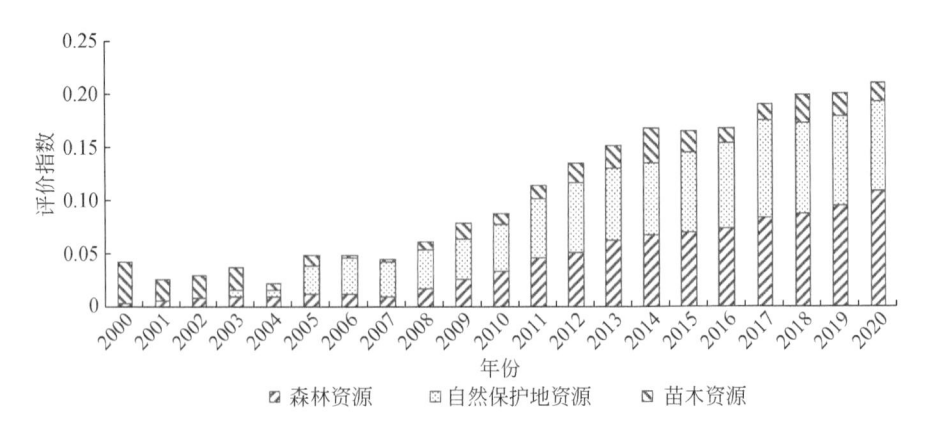

图 4-1 资源保育系统层发展趋势分析图

例、林业产业总产值、林业产业增加值三个指标是推动产业发展层发展的主要因子。由图 4-2 可知，产业发展系统层的发展进程在 2019 年之前总体呈递增趋势，而在 2020 年断崖式下降，波动趋势主要受产业实力指标的影响较大，而产业结构在 2010 年后相对趋于稳定。

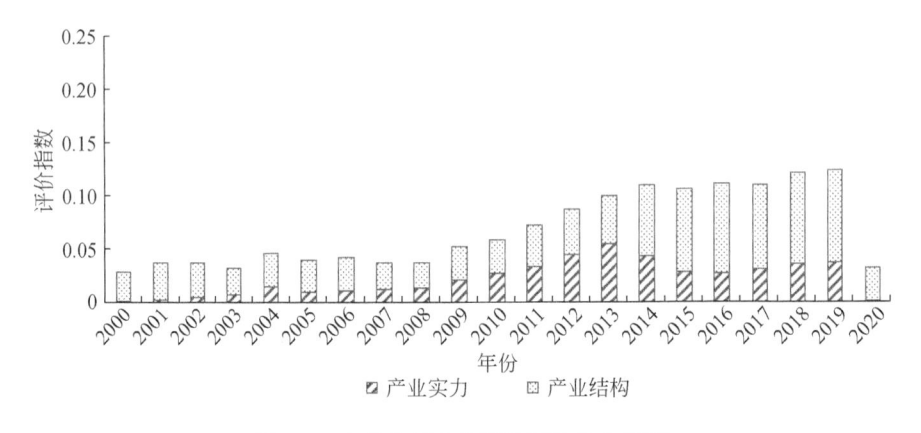

图 4-2 产业发展系统层发展趋势分析图

三、企业管理系统层发展进程情况

对于企业管理系统层，由表 4-2 可知，专业技术人员占在岗职工比例、境外加工板材、招商引资三个指标是推动企业管理层发展的主要因子。由图 4-3 可知，企业管理系统层发展进程在 2010 年之前总体处于不断提升阶段，2011 年有所回落后，在 2013 年达到峰值，而近年来逐渐进入瓶颈期。从控制层的变化趋势可以看出，经营效率和创新驱动的波动势态在 2012 年以后趋于稳定，而交流合作在 2012~2014 年出现短暂激增后，呈现逐年递减趋势，表明交流合作面临困境。

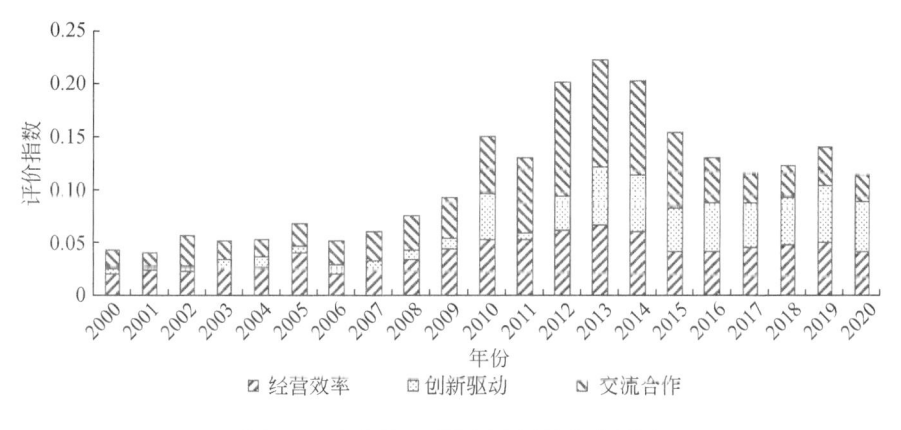

图 4-3　企业管理系统层发展趋势分析图

四、民生福祉系统层发展进程情况

对于民生福祉系统层，由表 4-2 可知，在岗职工年均工资、离退休人员年均生活费两个指标是推动民生福祉层发展的主要因子。由图 4-4 可知，民生福祉系统层总体、工资收入控制层的发展趋势呈递增趋势，2020 年略有下降。基本保险自 2006 年以后基本保持稳定状态。

五、支撑保障系统层发展进程情况

对于支撑保障系统层，由表 4-2 可知，企业自筹资金、林业固定资产投资、林业有害生物防治率三个指标是推动支撑保障层发展的主要因子。由图 4-5 可知，除了 2010~2013 年由于资金投入量增加，使得支撑保障系统层发展趋势呈现突破式增长外，总体波动幅度较小。近年来，管护人力和基础设施发展进程趋于稳定，资金投入发展进程呈现锐减趋势。灾害防控发展进程虽然趋于稳定，但

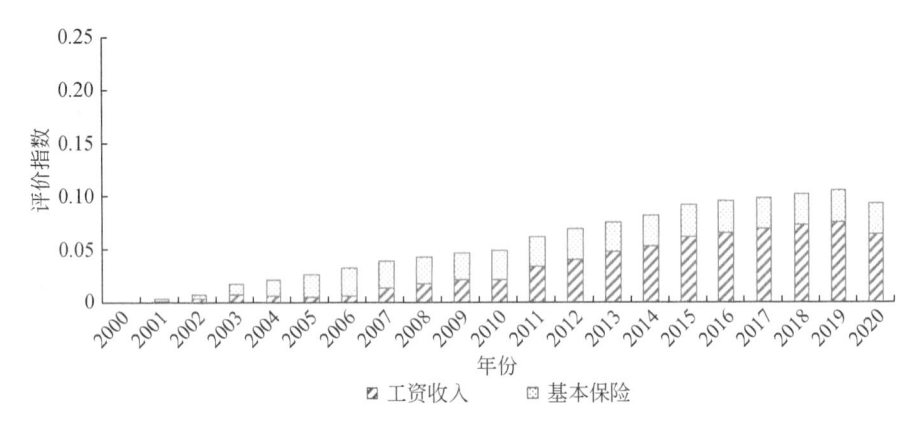

图 4-4 民生福祉系统层发展趋势分析图

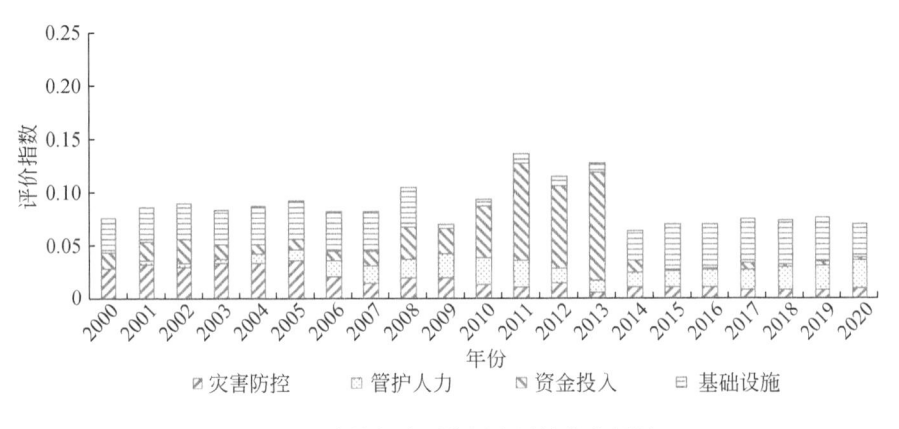

图 4-5 支撑保障系统层发展趋势分析图

较 2000~2009 年有所减少。

第三节 国有林区综合发展进程情况

在熵权法测算的熵值基础上,利用熵权 TOPSIS 法计算时间序列上的发展趋势评价指数,其中系统层分别采用各自的子系统权重(表 4-2),通过式(4-1)~式(4-4),以及发展趋势评价值所对应的划分区间,E1~E5 分别代表发展止步不前、有所起色、初见成效、成效明显、良性发展(表 4-1),得出资源保育、产业发展、企业管理、民生福祉及支撑保障发展进程层次。同时,采用同样方法，基于所有指标的综合权重，测算黑龙江省大兴安岭重点国有林区发展趋势的综合评价指数及发展层次，结果如图4-6所示，根据黑龙江省大兴安岭重点国有林区总体发展趋势（黑色线）2009年和2013年的两个拐点，将2000~2020年的波动分成三个阶段。

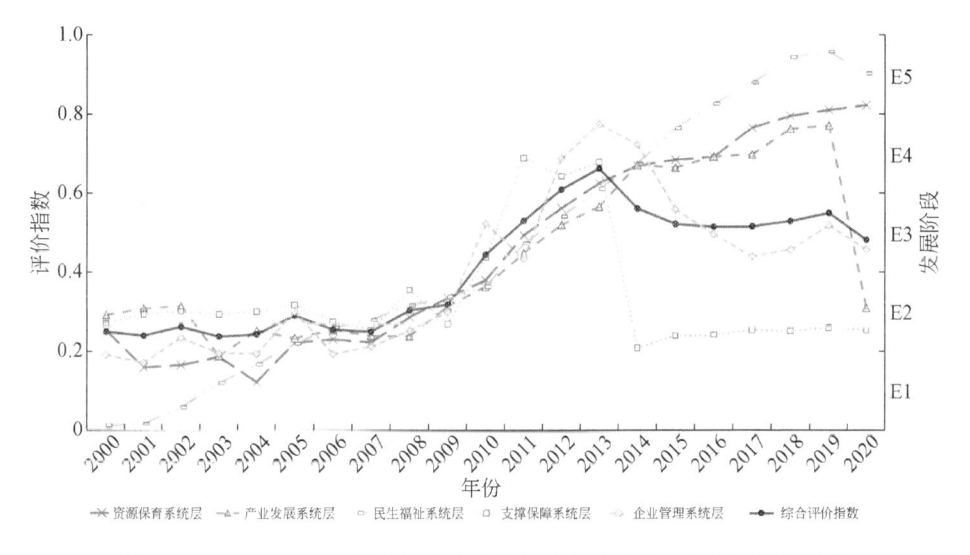

图4-6 2000~2020年黑龙江省大兴安岭重点国有林区发展趋势分析图

第一个阶段（2000~2009年）：总体发展趋势较为平稳，进入到有所起色的E2阶段，其中支撑保障和产业发展系统层几乎同步处于有所起色的E2阶段，资源保育、企业管理和民生福祉系统层的转型发展逐渐由止步不前的E1阶段过渡到有所起色的E2阶段。

第二个阶段（2010~2013年）：总体发展趋势直线上升，从2010年和2011年初见成效的E3阶段，快速增至2012年和2013年成效明显的E4阶段。其中，支撑保障系统层突飞猛进步入成效明显阶段；而资源保育、企业管理和民生福祉系统层则逐步从有所起色阶段发展至初见成效阶段，最后进入成效明显阶段；值得注意的是，在此阶段的初期，产业发展系统层虽然与其他系统层同处转型过渡的关键时期，但尚未进入成效明显的发展阶段。

第三个阶段（2014~2020年）：总体发展趋势有所回落，但评价指数并未低于0.4，表明发展趋势有所回落，但始终维持在初见成效阶段。各系统层的发展势态存在较大差异，其中资源保育系统层和民生福祉系统层的发展持续向好，已从成效明显阶段逐渐接近良性发展的 E5 阶段。而企业管理系统层却从成效明显阶段退步至初见成效阶段，产业发展系统层及支撑保障系统层甚至从成效明显阶段断崖式后退至有所起色阶段。此外，产业发展系统层于 2020 年出现断崖式后退现象，支撑保障系统层在 2014~2020 年一直低迷不前。

第四节　国有林区发展趋势预测

基于国有林区综合发展进程情况，本书利用 GM(1,1) 模型对 2000~2020 年的评价指数进行拟合，并分析其残差及相对误差。在此基础上，测算"十四五"期间的波动趋势。对 GM(1,1) 模型的预测精度进行检验，得到后检查比 C 值为 0.304，小于 0.350，代表模型精度等级非常好；小误差概率 P 值为 0.810，小于 0.950，代表模型精度合格；平均相对误差为 0.145，小于 0.200，代表模型达到要求。本书得出 2021~2025 年黑龙江省大兴安岭重点国有林区转型发展评价指数在 0.633~0.722（表 4-3），表明在保持政策扶持的外部条件不变的前提下，至"十四五"期末，研究区发展趋势将恢复至成效明显的 E4 阶段。

表 4-3　GM(1,1) 模型拟合结果

年份	拟合值	实际值	残差	相对误差/%	年份	拟合值	实际值	残差	相对误差/%
2000	0.248	0.248	0	0	2011	0.421	0.528	0.107	20.265
2001	0.227	0.238	0.011	4.622	2012	0.442	0.607	0.165	27.183
2002	0.246	0.260	0.014	5.385	2013	0.462	0.660	0.198	30.000
2003	0.265	0.236	−0.029	12.288	2014	0.483	0.559	0.076	13.596
2004	0.284	0.241	−0.043	17.842	2015	0.504	0.520	0.016	3.077
2005	0.303	0.289	−0.014	4.844	2016	0.525	0.513	−0.012	2.339
2006	0.322	0.253	−0.069	27.273	2017	0.546	0.514	−0.032	6.226
2007	0.342	0.248	−0.094	37.903	2018	0.567	0.527	−0.040	7.590
2008	0.361	0.302	−0.059	19.536	2019	0.589	0.548	−0.041	7.842
2009	0.381	0.316	−0.065	20.570	2020	0.611	0.480	−0.131	27.292
2010	0.401	0.443	0.042	9.481					

在理论模型预测下，转型发展评价的拟合值总体呈现单调递增趋势。然而，在现实情况中由于受到政策性因素扰动等影响，表现出波动趋势。其中，2006年、2007年、2009年、2011年、2012年、2013年及2020年相对误差超过了20%，与预测值偏差较大（表4-3）。因此，为提高模型预测结果的指导作用，进一步加入政策调节因素，分析转型发展指数在政策调节作用下可以实现的极值情况。

根据大兴安岭林业集团公司在"十四五"期间制定的发展目标，并结合领导访谈、实地调研以及疫情形势等外部环境状况，通过模拟调整政策手段的方式，分析研究区2021~2025年的发展进程。同样，本书采用熵权法分析调整政策后的熵值，并将熵值代入发展进程指数公式，得到的预测结果与GM(1，1)模型拟合的结果进行比对。政策调整措施主要以2020年为基期，调节各系统层中的主要因子。如图4-6所示，资源保育和民生福祉系统层已处于良性发展阶段，且未来的发展策略主要是维持现有政策和投入稳定，因此将调整的重点方向聚焦于产业发展系统层、企业管理系统层以及支撑保障系统层。

在产业发展系统层，到"十四五"期末，若研究区林业产业总产值能够实现71.46亿元的预期目标、林业产业增加值与林业产业总产值趋势保持一致（预期达到32.28亿元）、第三产业产值占林业产业总产值比例略有提升（预期达到28.65%），在支撑保障和企业管理系统层不变的情况下，发展进程预测值为0.513，仍处于初见成效的E3阶段。

在对产业发展系统层进行调节的基础上，考虑对企业管理系统层进行调节。通过综合研判，预计研究区未来五年的专业技术人员占在岗职工比例、招商引资将略有上升，境外加工板材将略有下降。在其他指标相对不变的情况下，若在"十四五"期末专业技术人员占在岗职工比例能够达到年度性平均水平（28%），招商引资能够达到50亿元，发展进程预测值则为0.522，仍处于初见成效阶段。

在上述基础上，进一步对支撑保障系统层进行调节。通过综合研判，预计研究区未来五年的林业有害生物防治率、林业固定资产投资及企业自筹资金均略有提升，若在"十四五"期末均能达到相应的年度性平均水平，即林业有害生物防治率达到40%，林业固定资产投资达到12亿元，企业自筹资金达到3.4亿元，发展进程预测值则为0.564，虽然较2020年（0.480）相比略有提升，但仍未突破初见成效阶段。

第五节 小 结

(1) 资源保育及民生福祉已步入良性发展阶段。这与李朝洪等（2021）得出的资源与社会子系统绩效值逐渐变好的结论一致。黑龙江省大兴安岭重点国有林区因多年采育失调，导致了严重的"三危困境"。随着2000年天保工程的启动以及一系列举措的陆续实施，使得研究区生态环境得到全面保护，仅天保工程国家累计投入资金就超过378亿元，约690万 hm^2 天然乔木林得以休养生息，促进了资源存量的增加和质量的提升。同时，研究区在转型发展过程中积极发展林下经济、生态旅游等产业，拓展下岗职工和富余劳动力的就业空间，重视解决生活及养老问题，力求让职工群众在转型发展中获得实惠，超过1.3万名富余职工得到妥善安置，基本实现了改革初期所制定的守住生态和民生两条底线的目标，并需要继续保持这一稳定增长趋势。

(2) 纵观研究区21年（2000~2020年）的发展历程发现，2010~2013年的发展态势最佳，已进入成效明显阶段，这主要得益于资金投入充足、交流合作顺畅。这与朱震峰等（2016b）研究得出的国有林区借助境外资源开发，拓展跨境合作，重塑森工经营主体及创新资源监管体制等手段使改革取得一定成效的研究结论一致。2010~2013年，研究区累计完成投资占林区累计总产值的30.18%，财政投入在短时期内对缓解禁伐具有重要作用，仅2013年境外采伐木材达61.2m^3，招商引资达125.2亿元，林业固定资产投资达43.9亿元，企业自筹资金2011~2013年为12.7亿~14.5亿元，均为年度最大值，表明在强大的政策红利加持下，明显促进了黑龙江省大兴安岭重点国有林区的发展进程。但从另一方面也表明，研究区的发展严重依赖政策红利，自主发展能力较弱。

(3) 研究区2020年前后发展进程有所退步，这主要是受产业发展、企业管理及支撑保障能力出现回落的影响。当前，研究区产业结构处于探索调整时期，接续替代型产业尚未形成规模效应，加上技术支持不足、基础薄弱、设备陈旧，一直以传统的初级加工为主，致使企业缺乏核心竞争力。研究区主导产业无论是原来依赖木材采运，抑或是后来依赖境外木材采伐、加工和贸易，均受到政策及国际环境的影响，失衡的产业结构无法支撑国有林区的转型发展，而新的经济结构至今尚未建立。同时，长期困扰研究区发展的制度、企业和职工等多重困境还未彻底破解，如部分资产划分问题尚未完全厘清，国有自然资源资产化管理尚未探索出有效机制，森林工业型企业融资贷款所产生的债务问题积压严重，地方政府无力承担转型成本。此外，林区缺乏专业型、技术型、创新型人才，对高质量劳动力的吸引力又较弱，使得研究区在政策红利减弱及不利的国内外大环境下，引发了多类问题集中爆发，进而产生了负面的叠加放大效应。

（4）通过 GM(1, 1) 模型模拟结果分析发现，研究区 2021~2025 年的发展进程达到了成效明显阶段。然而，该结果是以政策保持稳定、各系统层持续增长为前提的。通过政策调节进行修正后发现，研究区在"十四五"期末的发展进程仍处于初见成效阶段。由于国有林区对木材采伐与运输、木材产品初加工等传统生产方式的长期依赖，以及受政企合一体制下传统经营管理模式和思维的长期影响，改革发展带来的负面阵痛难以在短期内化解；一些不确定性因素还将直接或间接影响国有林区接续替代产业发展、支撑保障投入力度、生态旅游流动人口以及进出口国际贸易等，研究区发展形势不容乐观。"十四五"期间是黑龙江省国有林区重要的战略机遇期，如何推动国有林区从政策依赖到利用资源发挥内生动力，实现从输血到造血的转变，是大兴安岭地区乃至整个东北国有林区未来工作的重点。

第五章　黑龙江省大兴安岭重点国有林区多元复合系统耦合协调状态评价

黑龙江省大兴安岭重点国有林区多个子系统互相作用形成复合系统，各要素之间的相互作用关系在复合系统中起着主导作用。如果各个子系统能够做到协调共同发展、相互配合与推动，那么该复合系统会可能处于一种良性循环状态，反之，复合系统就会陷入波动，最终影响国有林区的可持续发展。本章将基于含资源保育、产业发展、企业管理、民生福祉和支撑保障子系统的黑龙江省大兴安岭重点国有林区复合系统，采用耦合协调模型对2000~2020年国有林区耦合协调发展状况进行定量评价，并采用灰色马尔可夫模型对2021~2022年复合系统耦合协调发展趋势进行模拟，以期为推动黑龙江省大兴安岭重点国有林区持续深化改革，促进实现全方位和高质量协调发展提供科学依据和理论支撑。

第一节　耦合关系分析

国有林区的建设发展主要围绕林草资源的保护、修复和合理利用组织开展相关活动，其建设发展水平受到区域资源保育、产业发展、企业管理、民生福祉和支撑保障五个方面因素的综合影响，共同构成一个复合系统，具有耦合性特征（图5-1）。其中，资源保有量是生态系统发挥生态功能的载体，资源保育状况是耦合协调发展的基础；产业发展是持续推动国有林区耦合协调发展的动力源泉，产业发展模式和质量直接影响生态保护成效和民生福祉水平等；企业管理情况影响着资源保护发展全过程各个环节的效率，是调和各子系统层实现有机互动的关键一环；民生福祉情况关系林区社会和谐安定，是耦合协调发展成效最直接的反映；支撑保障是保证国有林区各项事业稳步发展的后盾。

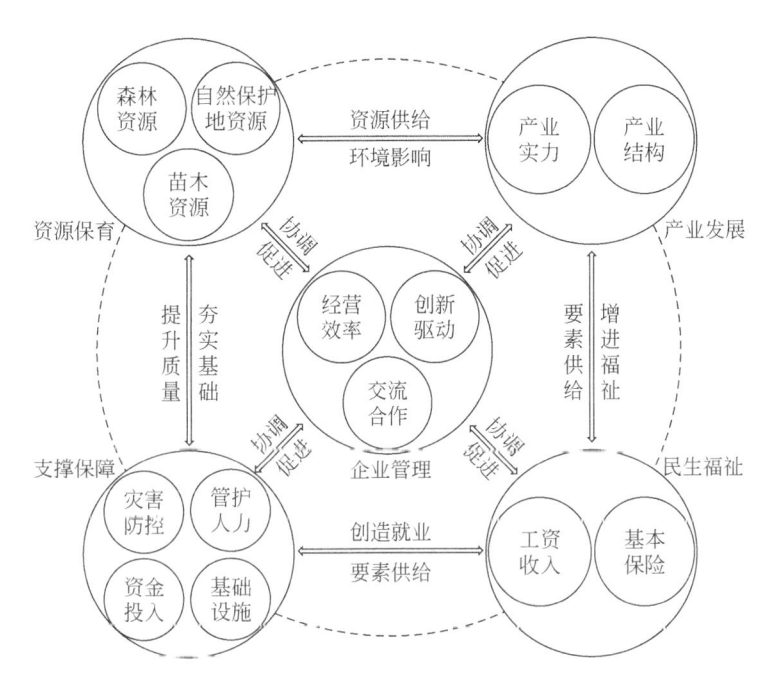

图 5-1　黑龙江省大兴安岭重点国有林区复合系统耦合关系

第二节　耦合协调模型构建及趋势预测方法

一、耦合协调模型构建

采用耦合协调模型度量复合系统内部的良性耦合程度，具体表达式如下（赵宏波等，2021）。

$$C = \left\{ \frac{U_1 \times U_2 \times U_3 \times U_4 \times U_5}{(U_1 + U_2 + U_3 + U_4 + U_5)^5} \right\}^{\frac{1}{5}} \tag{5-1}$$

$$D = \sqrt{C \times T} \tag{5-2}$$

$$U_q = \sum_{i=1}^{m} x_i \times w_i \tag{5-3}$$

式（5-1）~式（5-3）中，C 为耦合度，$0 \leq C \leq 1$；D 为耦合协调度，$0 \leq D \leq 1$；

T 为协调发展指数，$T=aU_1+bU_2+cU_3+dU_4+eU_5$，$U_1 \sim U_5$ 分别为资源保育、产业发展、企业管理、民生福祉、支撑保障五个系统层发展指数，a、b、c、d 和 e 分别为根据式（4-2）~式（4-3）计算的各子系统层权重，即 $a=0.242$，$b=0.161$，$c=0.271$，$d=0.105$，$e=0.221$；U_q 为各子系统层（$q=1$、2、3、4、5）或复合系统（$q=0$）的发展指数；x_i 为表 3-3 中所提及的具体指标；m 为指标数。

参照王玉芳等（2016）以及李朝洪和赵晓红（2019）对耦合协调水平的划分，将其划分为 3 个发展阶段和 10 个发展类型（表 5-1）。

表 5-1 耦合协调度等级划分表

序号	耦合协调度	发展阶段	发展类型
1	0~0.10	失调阶段	极度失调衰退
2	>0.10~0.20	失调阶段	严重失调衰退
3	>0.20~0.30	失调阶段	中度失调衰退
4	>0.30~0.40	失调阶段	轻度失调衰退
5	>0.40~0.50	过渡阶段	濒临失调衰退
6	>0.50~0.60	过渡阶段	勉强协调发展
7	>0.60~0.70	协调阶段	初级协调发展
8	>0.70~0.80	协调阶段	中级协调发展
9	>0.80~0.90	协调阶段	良好协调发展
10	>0.90~1.00	协调阶段	优质协调发展

二、耦合协调趋势模拟

采用灰色马尔可夫模型对复合系统耦合协调度进行模拟，主要包括如下五个步骤（邓聚龙，2005；吕洁华等，2019）。

（1）灰色预测值的计算过程与第四章第一节一致。

（2）依据灰色预测值相对误差大小划分状态区间 Z_r，计算如下。

$$E_R = \frac{d^{(0)}(k) - \hat{d}^{(0)}(k)}{\hat{d}^{(0)}(k)} \times 100\% \quad (5\text{-}4)$$

$$Z_r = [f_r, g_r] \quad (5\text{-}5)$$

式（5-4）~式（5-5）中，E_R 为相对误差；f_r 和 g_r 分别为状态区间上下限（$r=1$，

2，…，s），s 为区间划分数量；$d^{(0)}(k)$ 为预测指标的原始数据；$\hat{d}^{(0)}(k)$ 为采用 GM(1，1) 模型计算得到的灰色预测值。

（3）计算 k 步状态转移概率矩阵 **P**(k)，过程如下。

$$\boldsymbol{P}(k)=\begin{bmatrix} p_{11}(k) & p_{12}(k) & \cdots & p_{1s}(k) \\ p_{21}(k) & p_{22}(k) & \cdots & p_{2s}(k) \\ \vdots & \vdots & & \vdots \\ p_{s1}(k) & p_{s2}(k) & \cdots & p_{ss}(k) \end{bmatrix} \tag{5-6}$$

$$p_{rh}(k)=\frac{N_{rh}(k)}{N_r} \tag{5-7}$$

式（5-6）~式（5-7）中，N_r 为状态 Z_r 出现频次；$N_{rh}(k)$ 为状态 Z_r 经过 k 步转移成 Z_h 出现频次，$h \leq s$。

（4）对灰色预测值进行修正，计算公式如下。

$$y=\frac{\hat{d}^{(0)}(k)}{1-\frac{1}{2}(f_r+g_r)} \tag{5-8}$$

（5）运用残差检验、后验差检验以及关联分析法检验对预测结果进行精度检验，计算公式如下。

$$\beta=\frac{1}{n}\sum_{k=1}^{n}\frac{|\varepsilon(k)|}{d^{(0)}(k)}\times 100\% \tag{5-9}$$

$$B=\frac{S_2}{S_1} \tag{5-10}$$

$$V=\{|\varepsilon(k)-\bar{\varepsilon}(k)|\}<0.6745S_1 \tag{5-11}$$

式（5-9）~式（5-11）中，β 为平均相对误差；$\varepsilon(k)$ 为复合系统耦合协调度残差序列；$\bar{\varepsilon}(k)$ 为复合系统耦合协调度残差序列平均值；B 为后验差比值；S_1 为复合系统耦合协调度序列的标准差；S_2 为复合系统耦合协调度残差序列的标准差；V 为小概率误差；n 为年份数量。其中，β 和 B 以值小为优，V 以值大为优。

第三节 系统发展指数分析

由表 5-2 可知，总体上各子系统层发展指数和复合系统综合发展指数在一定程度上均所有提升，但具体过程则有所区别。其中，民生福祉和资源保育两个子系统层的发展指数呈近似线性增长态势，年均增幅分别达 23% 和 8%。受苗木产量和育苗面积大幅缩减的影响，资源保育系统层增长趋势在 2004 年和 2007 年出现小幅度波动。产业发展系统层发展指数也呈现较好的增长趋势，但 2020 年受新冠疫情等因素严重影响，发展指数出现断崖式下降。企业管理系统层发展指数呈近似抛物线趋势，在 2000~2013 年呈现波动上升趋势，2013 年达到峰值。从 2014 年开始，黑龙江省大兴安岭重点国有林区正式全面停止天然林商业性采伐，而接续替代产业尚未发展壮大，由此引发企业收入锐减、招引资金骤降等情况，导致企业管理系统层发展指数出现连续下降。支撑保障系统层发展指数变化幅度相对较小，与其他系统层低值发生在早期的现象有所不同，支撑保障系统层的低值集中出现在近期，尤其是 2014 年之后仅能维持在 0.288~0.347。由此可见，黑龙江省大兴安岭重点国有林区支撑保障薄弱的问题在近年来尤为突出，如在册林业公路里程数在近 21 年增幅不足 5%，且因管理养护不足，能正常使用的实际里程数不增反减。复合系统综合发展指数集中体现了各子系统层的综合影响效应，呈现增长—下降—再恢复的过程，但由于受 2020 年新冠疫情影响，近年来持续的恢复性增长被中断。综合来看，2000~2020 年黑龙江省大兴安岭重点国有林区各子系统发展方向和发展势态处于动态变化中，子系统层之间的发展变化匹配程度和相互作用关系直接影响着复合系统综合发展情况。各子系统层均出现过发展相对滞后的情况，其中改善效果最明显的是民生福祉系统层，而相对滞后的是企业管理系统层。从近十年的情况来看，相对滞后问题最突出的是支撑保障系统层。

表 5-2　各子系统层发展指数和复合系统综合发展指数

年份	资源保育	产业发展	企业管理	民生福祉	支撑保障	复合系统
2000	0.174	0.177	0.159	0.011	0.344	0.191
2001	0.109	0.231	0.145	0.019	0.393	0.192
2002	0.123	0.232	0.206	0.074	0.408	0.221
2003	0.156	0.204	0.189	0.161	0.381	0.223
2004	0.093	0.290	0.195	0.203	0.395	0.231
2005	0.201	0.246	0.247	0.252	0.422	0.275
2006	0.200	0.268	0.189	0.309	0.374	0.258
2007	0.189	0.236	0.220	0.364	0.374	0.264
2008	0.255	0.229	0.275	0.409	0.475	0.321
2009	0.327	0.327	0.340	0.443	0.317	0.340

续表

年份	资源保育	产业发展	企业管理	民生福祉	支撑保障	复合系统
2010	0.363	0.370	0.554	0.468	0.425	0.440
2011	0.472	0.448	0.482	0.590	0.616	0.515
2012	0.562	0.542	0.742	0.661	0.521	0.609
2013	0.631	0.624	0.825	0.716	0.580	0.680
2014	0.697	0.682	0.749	0.781	0.288	0.627
2015	0.688	0.660	0.569	0.871	0.315	0.588
2016	0.698	0.696	0.482	0.907	0.320	0.577
2017	0.791	0.684	0.426	0.933	0.340	0.590
2018	0.828	0.754	0.452	0.965	0.334	0.620
2019	0.832	0.776	0.520	0.966	0.347	0.645
2020	0.876	0.203	0.420	0.884	0.320	0.522

第四节 复合系统耦合协调发展状况分析

由表5-3可知，在耦合度方面，黑龙江省大兴安岭重点国有林区复合系统耦合度指数为0.656~0.992，始终维持在中高水平，表明五个子系统层间相互依赖、相互作用程度较高，具有较好的耦合性。但是，耦合性高低不能反映子系统层间作用关系的协调取向，需进一步分析子系统层间的耦合协调状况。在耦合协调度方面，2000~2020年黑龙江省大兴安岭重点国有林区子系统层间的耦合协调发展情况大致可划分为三个时期。第一个时期为2000~2001年，子系统层间处于失调发展阶段，但是随着时间的推移逐渐脱离轻度失调衰退发展类型。第二个时期为2002~2009年，子系统层间处于过渡发展阶段，此时已由前一时期的轻度失调衰退发展类型改善为勉强协调发展类型。第三个时期为2010年之后，子系统层间的耦合协调发展进入到协调发展阶段，耦合协调度在2013年达到峰值。在2014年和2020年，子系统层间的耦合协调度出现了两次较大幅度下降，表明此时子系统层间相互制肘的矛盾再次凸显。即便如此，子系统层间的耦合协调情况也要明显优于2010年及之前的情况。虽然在2010~2020年整个时期，子系统层间的耦合协调状况均处于协调发展阶段，但耦合协调发展的水平还不高，除2013年外，仅处于初、中级的低水平发展类型。

表 5-3　黑龙江省大兴安岭重点国有林区 2000～2020 年复合系统耦合协调状况

年份	耦合度	耦合协调度	发展阶段	发展类型
2000	0.656	0.354	失调阶段	轻度失调衰退
2001	0.679	0.361	失调阶段	轻度失调衰退
2002	0.853	0.434	过渡阶段	濒临失调衰退
2003	0.943	0.459	过渡阶段	濒临失调衰退
2004	0.898	0.455	过渡阶段	濒临失调衰退
2005	0.967	0.516	过渡阶段	勉强协调发展
2006	0.967	0.499	过渡阶段	濒临失调衰退
2007	0.962	0.504	过渡阶段	勉强协调发展
2008	0.960	0.555	过渡阶段	勉强协调发展
2009	0.992	0.581	过渡阶段	勉强协调发展
2010	0.988	0.659	协调阶段	初级协调发展
2011	0.992	0.715	协调阶段	中级协调发展
2012	0.991	0.777	协调阶段	中级协调发展
2013	0.992	0.821	协调阶段	良好协调发展
2014	0.944	0.769	协调阶段	中级协调发展
2015	0.949	0.747	协调阶段	中级协调发展
2016	0.941	0.737	协调阶段	中级协调发展
2017	0.934	0.742	协调阶段	中级协调发展
2018	0.929	0.759	协调阶段	中级协调发展
2019	0.939	0.778	协调阶段	中级协调发展
2020	0.855	0.668	协调阶段	初级协调发展

第五节　复合系统耦合协调度趋势分析

经 GM(1，1)模型计算，得到黑龙江省大兴安岭重点国有林区 2000～2020 年的耦合协调度拟合值及其相对误差（表 5-4）。依据范围集中原则，将 GM(1，1)模型相对误差划分为五个状态区间，各状态区间上、下限依据实际情况进行划分（表 5-5）。根据 GM(1，1)模型拟合结果的相对误差和状态区间计算状态转移概率矩阵，采用马尔可夫模型对 GM(1，1)模型拟合值进行修正，得到灰色马尔可夫模型拟合值。通过对比两类模型精度检验结果发现，灰色马尔可夫模型拟合值在平均相对误差、后验差比值和小概率误差三个方面均优于 GM(1, 1) 模型, 表明灰色马尔可夫模型拟合效果更优 (表 5-6)。通过 1~2 步状态转移概率矩阵, 2021~2022 年 GM(1, 1) 模型模拟值相对误差的状态区间均为 Z_3, 据此修正 2021~2022 年 GM(1, 1) 模型耦合协调度模拟值得到灰色马尔可夫模型耦合协调度模拟值。由表 5-7 可知, 经模拟, 2021~2022 年黑龙江省大兴安岭重点国有林区复合系统耦合协调度总体呈现逐渐优化趋势, 到 2022 年复合系统恢复至良好协调发展类型。

表 5-4 GM(1, 1) 模型与灰色马尔可夫模型拟合结果

年份	GM(1, 1)模型			灰色马尔可夫模型		
	模拟值	残差	相对误差	模拟值	残差	相对误差
2000	0.354	<0.001	<0.001	0.354	<0.001	<0.001
2001	0.437	−0.076	−0.210	0.422	−0.061	−0.170
2002	0.455	−0.021	−0.049	0.440	−0.006	−0.013
2003	0.474	−0.015	−0.033	0.458	0.001	0.002
2004	0.493	−0.038	−0.084	0.477	−0.022	−0.047
2005	0.512	0.004	0.007	0.495	0.021	0.041
2006	0.532	−0.033	−0.066	0.514	−0.015	−0.031
2007	0.552	−0.048	−0.094	0.534	−0.030	−0.059
2008	0.572	−0.017	−0.030	0.553	0.002	0.004
2009	0.592	−0.011	−0.019	0.572	0.009	0.015
2010	0.612	0.047	0.071	0.592	0.067	0.102
2011	0.633	0.082	0.115	0.707	0.008	0.011
2012	0.654	0.123	0.158	0.730	0.047	0.060
2013	0.675	0.146	0.177	0.754	0.067	0.082
2014	0.697	0.072	0.094	0.779	−0.010	−0.012
2015	0.719	0.028	0.038	0.695	0.052	0.070
2016	0.741	−0.004	−0.005	0.716	0.021	0.028
2017	0.763	−0.021	−0.029	0.738	0.004	0.006
2018	0.786	−0.027	−0.036	0.760	−0.001	−0.001
2019	0.809	−0.031	−0.040	0.782	−0.004	−0.005
2020	0.832	−0.164	−0.246	0.804	0.136	−0.204

表 5-5 耦合协调度 GM(1,1)模型模拟值相对误差状态划分

状态	区间	年份	数量/个
Z_1	-0.246 ~ -0.161	2001 和 2020	2
Z_2	>-0.161 ~ -0.077	2004 和 2007	2
Z_3	>-0.077 ~ 0.007	2000、2002、2003、2005、2006、2008、2009、2016、2017、2018 和 2019	11
Z_4	>0.007 ~ 0.092	2010 和 2015	2
Z_5	>0.092 ~ 0.177	2011、2012、2013 和 2014	4

表 5-6 耦合协调度预测模型精度对比

模型	平均相对误差	后验差比值	小误差概率
GM(1,1)模型	0.08	0.45	0.85
灰色马尔可夫模型	0.04	0.29	0.95

表 5-7 2021~2022 年黑龙江省大兴安岭重点国有林区耦合协调度模拟情况

模型	耦合协调度模拟值	
	2021 年	2022 年
GM(1,1)模型	0.856	0.880
灰色马尔可夫模型	0.827	0.850

第六节 小 结

(1)国家重大政策实施对黑龙江省大兴安岭重点国有林区耦合协调发展状况具有重要影响。自 2000 年开始,各子系统层发展指数和复合系统综合发展指数在一段时期内均有所增长,但在初期增长幅度有限,耦合协调发展水平尚未进入协调发展阶段。虽然在天然林资源保护工程一期等一系列举措的导向下,林区资源逐步得以恢复,产业结构开始有所变化,有效推动了国有林区协调发展进程。但是,受限于历史遗留问题叠加、政策红利未充分释放等因素制约,耦合协调发展水平依然处于较低阶段。2010 年之后,各子系统层发展指数和复合系统综合发展指数均在短期内呈现较大幅度增长,耦合协调发展水平提升至协调阶段。天

然林资源保护工程二期、大小兴安岭生态保护与经济转型规划（2010~2020年）等政策措施的持续加持，保障了要素投入水平和政策扶持力度得以逐步提高，进一步夯实了国有林区发展基础，加速了耦合协调发展进程。但自2014年前后开始，除民生福祉系统层外，其他子系统层发展指数及复合系统综合发展指数均有所回落，尤其是企业管理系统层和支撑保障系统层下降幅度明显。可见，全面停止天然林商业性采伐、国有林区改革指导意见等政策的实施，推动了国有林区由限采转为停伐、由政企合一转为"四分开"，彻底终止了国有林区传统主流的生产方式和经营方式，这对国有林区协调发展水平的持续提升带来了暂时的震荡。

（2）各子系统层间的耦合程度与协调程度并非呈线性相关，只有当耦合状态达到高度有序时才会形成良性协调，而复合系统耦合协调水平受制于其中最薄弱的子系统层。本书定量分析结果和笔者实地调研走访的情况均表明，企业管理和支撑保障系统层已成为制约黑龙江省大兴安岭重点国有林区高质量发展的短板，尤其是支撑保障方面建设滞后较为严重。当前，林区基础设施建设不平衡、不充分的问题较为突出，森林经营管护专用属性道路总量不足、等级不高、线路不畅，部分道路桥涵年久失修、损毁严重，已无法通行；通信信号尚未全覆盖，监测巡护手段较为落后，森林防火等工作依然十分依赖人工瞭望监测的传统方式，高新现代技术、实用技术成果推广应用不足。此外，国有林区至今缺乏基础设施建设方面的专项资金，再加上停伐后大兴安岭林业集团公司自筹资金能力严重不足，导致林区在支撑保障方面陷入新建不足、有建无管、老旧弃管的局面。如果支撑保障系统层长期得不到改善，将会严重影响国有林区资源的监管效率、产业的转型发展、企业运营管理的革新和民生福祉的持续改善。值得注意的是，虽然从纵向比较来看产业发展系统层呈现逐年向好的势态，但通过横向比较朱震锋等（2016b）、杜钰玮和万志芳（2019）及李德立和曹莹（2019）关于其他国有林区，以及王震等（2015）关于非国有林区的林业产业发展情况的研究结果来看，黑龙江省大兴安岭重点国有林区林业经济增长状况、生产力发展能力和产业结构水平皆有待进一步改善。

（3）在保持现有各项支持政策稳定的前提下，经模拟到2022年，黑龙江省大兴安岭重点国有林区复合系统耦合协调发展类型恢复至良好协调发展类型，但距离优质耦合协调状态尚有较大差距。因此，建议在"十四五"期间继续保持天然林保护等各项重点工程和重大政策的持续投入，确保森林资源和自然生态系统健康稳定；加快产业结构优化步伐，着力破解国有林区接替产业同质化发展存在的隐患，瞄准如中药材、生态旅游和森林康养等 1~2 个潜力较大的接替产业，集中要素扶持培育壮大，突出产业和产品特色，主动融入和适应社会主义市场经济大环境，增强抵御市场风险的能力，增强产业发展后劲。同时，需要引导大兴安岭林业集团公司加快构建现代企业治理体系，完善和创新企业管理机制和运营机制，逐步提高企业治理能力和治理效率，持续释放国有林区改革红利。此外，争取设立国有林区支撑保障建设专项资金，并将其分列为新建类专项资金和运营维护类专项资金，强化支撑保障能力。

第六章 黑龙江省大兴安岭重点国有林区森林固碳能力评估及价值实现研究

实现碳达峰碳中和，是以习近平同志为核心的党中央统筹国内国际两个大局作出的重大战略决策，是着力解决资源环境约束突出问题、实现中华民族永续发展的必然选择，是构建人类命运共同体的庄严承诺。森林植被通过光合作用，可吸收固定大气中的二氧化碳，发挥其巨大的碳汇功能，具有碳汇量大、成本低、生态附加值高等特点，对助力实现碳达峰碳中和目标具有重要作用。黑龙江省大兴安岭重点国有林区是森林资源富集区，是中国落实碳中和行动的重要实践场所。本章测算了1998~2018年天保工程对该区域森林碳库的影响，估算了森林植被碳储量和碳密度，并对林区森林植被固碳潜力进行了评估。同时，本章还分析了林区开展林业碳汇价值实现的环境和路径，对于在全面实施天然林商业禁伐政策背景下指导区域制定应对气候变化对策、有序拓展森林碳汇空间、改善林区生产生活方式、统筹区域生态–经济–社会协调发展具有重要意义。

第一节 国有林区森林固碳增汇计量方法

一、生物量估算

本书研究所涉及的森林生物量仅指林分中活立木的生物量，包括乔木林、疏林、灌木林、苗圃，不包含草本层、枯木层的生物量。目前，区域尺度森林生物量的估算方法包括样地清查、遥感估测和模型模拟等诸多方法，其中材积源生物量法（volume-derived biomass）在估算林分生物量方面具有良好的效果，是目前森林生物量估算的重要方法之一（曾伟生等，2018；陈科屹等，2021）。本书采用政府间气候变化专门委员会（IPCC）提供的方法对乔木林和疏林的林分生物量进行了估算。为提高估算精度，本书在基于分树种（组）的基础上，采用分龄组的计量方式进行了测算，其表达式如下：

$$B_{ij} = V_{ij} \times D_i \times \text{BEF}_{ij} \times (1+R_{ij}) \times A_{ij} \quad (6-1)$$

$$B_i = \sum_{j=1}^{j} B_{ij} \quad (6-2)$$

式中，B_{ij}为第j龄组树种（组）i的林木生物量（Mg）；B_i为树种（组）i的林木总生物量（Mg）；V_{ij}为第j龄组树种（组）i的单位面积蓄积量（m³/hm²）；D_i为树种（组）i的木材密度（Mg/m³）；BEF_{ij}为第j龄组树种（组）i的生物量扩展因子；R_{ij}为第j龄组树种（组）i的根茎比；A_{ij}为第j龄组树种（组）i的面积（hm²）。

二、碳储量估算

基于上述林分生物量的计算结果，根据对应树种（组）的含碳系数计算林分碳储量和碳密度，表达式如下：

$$C_i = B_i \times \text{CF}_i \quad (6-3)$$

$$C_{id} = C_i / A_i \quad (6-4)$$

式中，C_i为树种（组）i的碳储量（Mg）；CF_i树种（组）i的含碳系数；C_{id}为树种（组）i的碳密度（Mg/hm²）；A_i为树种（组）i的面积（hm²）。

各乔木树种的生物量、碳储量测算参数参照国家发展和改革委员会应对气候变化司（2014）、李海奎和雷渊才（2010）的研究结果。灌木林和苗圃的生物量采用平均生物量法，参照方精云等（1996）的方法按19.76Mg/hm²进行估算，对于植被盖度不足50%的按9.88Mg/hm²进行估算，灌木林和苗圃林的含碳系数统一采用常数0.5进行估算。相关参数选择见表6-1。

表6-1 各树种（组）生物量模型参数及含碳系数

树种/组	BEF（分龄组）					R（分龄组）					D	CF
	幼龄林	中龄林	近熟林	成熟林	过熟林	幼龄林	中龄林	近熟林	成熟林	过熟林		
落叶松	1.416	1.644	1.281	1.229	1.150	0.212	0.205	0.211	0.188	0.239	0.490	0.521
樟子松	2.513	2.919	1.864	1.789	1.827	0.241	0.241	0.241	0.241	0.241	0.375	0.522
杨树	1.446	1.496	1.369	1.390	1.460	0.227	0.259	0.227	0.171	0.209	0.378	0.485

续表

树种/组	BEF（分龄组）					R（分龄组）					D	CF
	幼龄林	中龄林	近熟林	成熟林	过熟林	幼龄林	中龄林	近熟林	成熟林	过熟林		
桦树	1.424	1.526	1.396	1.252	1.109	0.248	0.229	0.279	0.235	0.190	0.541	0.491
柳树	1.821	1.821	1.821	1.821	1.821	0.288	0.288	0.288	0.288	0.288	0.443	0.485
红松	1.510	1.558	1.267	1.413	1.340	0.221	0.223	0.211	0.217	0.215	0.396	0.511
椴树	1.407	1.407	1.407	1.407	1.407	0.201	0.201	0.201	0.201	0.201	0.420	0.439
蒙古栎	1.355	1.380	1.327	1.360	1.474	0.292	0.260	0.275	0.410	0.281	0.676	0.500
水曲柳	1.293	1.293	1.293	1.293	1.293	0.221	0.221	0.221	0.221	0.221	0.464	0.497
云杉	1.734	2.326	1.516	1.473	1.427	0.224	0.185	0.224	0.244	0.302	0.342	0.521
其他温带杉类	1.667	2.300	1.382	1.459	1.245	0.277	0.302	0.274	0.238	0.218	0.359	0.510
其他温带松类	1.631	1.881	1.461	1.456	1.200	0.206	0.213	0.216	0.202	0.284	0.424	0.511
软阔类	1.586	1.729	1.489	1.254	1.432	0.289	0.278	0.282	0.276	0.412	0.443	0.485
硬阔类	1.674	1.799	1.543	1.172	1.368	0.261	0.257	0.296	0.160	0.294	0.598	0.497

三、固碳潜力评估

本书探讨的森林固碳潜力是指森林距离最大碳储量的理论空间。根据群落顶级演替理论，当群落演替到顶级状态时，能量和物质的循环趋于动态平衡，可将顶级状态时的森林碳储量作为森林最大碳储量。采用空间代替时间法，假设相近区域成熟林的碳密度即为该区域森林的最大碳密度，据此测算的碳储量即为最大碳储量，也被称作森林碳容量（刘迎春等，2019；朱万泽，2020）。参照徐文铎等（2008）对东北地区的植被生态区划结果，将研究区归入三个植被生态小区（表6-2），处于同一植被生态小区的森林具有更为相似生境环境。根据顾云春（1985）基于大兴安岭林区开展大规模开发建设（1964年）以前的原始林样地调查数据（调查于1954年）研究结果显示，大兴安岭林区的顶级群落为落叶松林和樟子松林。故将不同植被生态小区的落叶松林和樟子松林成熟林平均碳密度作为该区域森林碳容量的参考水平。根据树种生长特性和踏查情况，对于土壤为砂质土且坡向朝阳的林分，采用樟子松林成熟林作为参考对象。其余林分以落叶松林成熟林为参考对象。由于灌木林和苗圃碳储量变化幅度相对较小，该研究假定其碳储量保持相对稳定。此外，根据《东北森林带生态保护和修复重大工程建设规划（2021—2035年）》《大兴安岭林业集团公司森林经营规划（2016—2050年）》等对林区的中长期规划部署安排，林区的宜林地（含宜林荒山荒地、宜林沙荒地、其他宜林地）、无立木林地（采伐迹地、火烧迹地、其他无立木林地）、未成林地等，皆会陆续实施造林再造林和森林抚育。因此，将上述未来的森林植被空间也纳入固碳潜力评估。最后，通过分区计算森林生物量碳容量与当前森林碳储量之差，得到不同区域此时的森林固碳潜力，汇总得到全林区的森林固碳潜力。

表 6-2 研究区植被生态区划

植被生态小区	涉及区域
大兴安岭北部樟子松落叶松林生态小区	漠河林业局、图强林业局、阿木尔林业局、塔河林业局、北极村国家级自然保护区、岭峰国家级自然保护区、盘中国家级自然保护区
大兴安岭东部蒙古栎落叶松林生态小区	十八站林业局、呼中林业局、新林林业局、双河国家级自然保护区、呼中国家级自然保护区
黑嫩高平原蒙古栎林生态小区	松岭林业局、加格达奇林业局、韩家园林业局、南瓮河国家级自然保护区、绰纳河国家级自然保护区、多布库尔国家级自然保护区

四、碳汇量测算

基于天保工程实施过程中开展的人工造林、森林经营以及木材调减措施估算森林碳汇量，同时考虑因天保工程导致的碳排放和碳泄漏带来的负减排量，测算天保工程对黑龙江大兴安岭重点国有林区森林碳库的影响，并以林业局为单位进行区域尺度的对比分析。研究区森林净固碳量等于森林碳汇量与负减排量之差（何韵等，2022），表达式如下：

$$Nc = Ac + Mc + Fc - Ec - Lc \tag{6-5}$$

式中，Nc 为森林净固碳量（Mg）；Ac 为人工造林碳汇量（Mg）；Mc 为森林经营碳汇量（Mg）；Fc 为调减木材碳汇量（Mg）；Ec 为森林经营活动碳排放量

（Mg）；Lc 为调减木材引发的碳泄漏量（Mg）。

（一）人工造林碳汇量测算

研究区依托天保工程实施的造林主要是在各类宜林地、采伐迹地和火烧迹地等无林地上开展的造林活动，因此该区域天保工程人工造林产生的碳汇量即为天保工程实施的这部分新造林的碳储量。首先，采用政府间气候变化专门委员会（IPCC）提供的材积源生物量法对林分生物量进行估算，为提高估算精度，本书在基于分树种（组）的基础上，采用分龄组的计量方式进行了测算，再用生物量乘以含碳系数得到碳储量（陈科屹等，2022b）。其表达式如下：

$$C_{ij} = V_{ij} \times D_i \times BEF_{ij} \times (1+R_{ij}) \times A_{ij} \times CF_i \tag{6-6}$$

$$Ac = \sum_{i=1}^{i} \sum_{j=1}^{j} C_{ij} \tag{6-7}$$

式中，C_{ij} 为第 j 龄组树种（组）i 的林木生物量（Mg）；V_{ij} 为第 j 龄组树种（组）i 的单位面积蓄积量（m^3/hm^2）；D_i 为树种（组）i 的木材密度（Mg/m^3）；BEF_{ij} 为第 j 龄组树种（组）i 的生物量扩展因子；R_{ij} 为第 j 龄组树种（组）i 的根茎比；A_{ij} 为第 j 龄组树种（组）i 的面积（hm^2）；CF_i 树种（组）i 的含碳系数。各树种的生物量、碳储量测算参数参照国家发展和改革委员会应对气候变化司（2014）、李海奎和雷渊才（2010）的研究结果（表6-1）。

（二）森林经营碳汇量测算

基于多期森林资源二类调查数据，测算研究区年平均碳汇量，进而推算天保工程实施过程中存量森林资源在 1998～2018 年的总碳汇量（剔除天保工程新增人工造林产生的碳汇量）。为提高测算精度，以研究区各林业局为单位，分区域测算不同区域的年平均碳汇量，最后汇总得到研究区森林经营产生的总碳汇量，计算如下：

$$Mc = \sum_{k=1}^{h} \left(\frac{Bc_{k,2018} - Bc_{k,t}}{2018 - t} \times 20 \right) \tag{6-8}$$

式中，$Bc_{k,2018}$ 为林业局 k 在 2018 年的森林碳储量（Mg）（不含天保工程新增人工造林）；$Bc_{k,t}$ 为林业局 k 在 t 年的森林碳储量（Mg）（不含天保工程新增人工造林）。

(三) 调减木材增汇量测算

将研究区启动天保工程前五年（1993~1997年）的平均木材产量作为基准木材产量（VF_0），用天保工程启动后研究区每年的实际木材产量（VF_t）与基准木材产量的差值作为每年的木材调减量，据此测算因木材调减产生的碳增汇量，表达式如下：

$$Fc = \sum_{i=1}^{i} \left(\frac{\sum_{t=1998}^{2018}(VF_0 - VF_t)}{P_W} \times P_i \times D_i \times BEF_{i,m} \times CF_i \right) \quad (6-9)$$

式中，VF_0 为基准木材产量（m^3）；VF_t 为 t 年的实际木材产量（m^3）；P_i 为所采树种（组）i 的蓄积比例，假设各树种（组）的采伐比例与存量比例保持一致；$BEF_{i,m}$ 为树种（组）i 为成熟林时的生物量扩展因子；P_W 为出材率参数，参考胡会峰和刘国华（2006）的研究结果出材率取值为 0.59。

(四) 碳排放量测算

碳排放是指天保工程在实施人工造林、营林等活动过程中，因物资使用和能源消耗造成的碳排放。本书将研究区实施天保工程造成的碳排放活动分为人工造林（含森林基础设施建设）、中幼龄林抚育以及森林管护（含巡护、病虫害防治）（刘博杰等，2016），计算如下：

$$Ec = A_A \times E_{Ad} + A_M \times E_{Md} + A_T \times E_{Td} \quad (6-10)$$

式中，A_A、A_M、A_T 分别为人工造林、中幼林龄森林抚育、森林管护的面积（hm^2）；E_{Ad}、E_{Md}、E_{Td} 分别为人工造林、中幼林龄森林抚育、森林管护的碳排放强度（kg/hm^2），参考刘博杰等（2016）关于天保工程区碳排放的研究结果，分别取值为 197.18kg/hm^2、37.81kg/hm^2、0.27kg/hm^2。

(五) 碳泄漏测算

碳泄漏是指因天保工程对研究区边界范围内木材产量的调减控制，间接促使研究区边界外用材林造林面积增加，进而导致额外的碳排放（何韵等，2022），计算如下：

$$Lc = \frac{\sum_{i=1998}^{2018}(VF_0 - VF_t)}{\frac{P_W}{V_{per}}} \times E_{Ad} \quad (6-11)$$

式中，V_{per} 为研究区单位面积森林蓄积量（m³/hm²），其余各符号所代表的含义见上文。

第二节 天保工程对森林碳库的影响

一、人工造林产生的碳汇量

由表6-3可知，通过实施天保工程，1998~2018年黑龙江大兴安岭重点国有林区由人工造林措施产生的森林碳汇量为 2.45×10^6 Mg，年均森林碳汇量为 1.23×10^5 Mg/a。从空间分布来看，人工造林碳汇量主要集中在加格达奇林业局、漠河林业局和塔河林业局三个林业局，空间异质性十分明显，其中加格达奇林业局人工造林碳汇量超过研究区人工造林总碳汇量的一半（55.92%）。其余各林业局人工造林碳汇量相对较少，占比均未超过5.00%。从时间变化来看，通过对两个阶段人工造林碳汇量的对比，研究区人工造林碳汇量已由第一阶段（1998~2010年）的 8.49×10^5 Mg 提升至第二阶段（2011~2018年）的 1.60×10^6 Mg，提升幅度为88.46%。可见，虽然第二阶段的造林规模已大幅减少（仅为第一阶段造林规模的14.00%），但第一阶段人工造林产生的固碳增汇效益已经叠加显现。总体而言，各区域人工造林碳汇量比例在不同阶段略有波动，但以加格达奇林业局人工造林碳汇量占绝对主体地位的状况没有发生变化。

表6-3 1998~2018年黑龙江省大兴安岭重点国有林区天保工程人工造林碳汇量

区域	1998~2010年 碳汇量/Mg	比例/%	2011~2018年 碳汇量/Mg	比例/%	合计 碳汇量/Mg	比例/%
松岭林业局	3.73×10^4	4.39	7.56×10^4	4.73	1.13×10^5	4.61
新林林业局	1.71×10^4	2.01	3.32×10^4	2.08	5.03×10^4	2.05
塔河林业局	7.47×10^4	8.80	1.27×10^5	7.94	2.02×10^5	8.24
呼中林业局	3.06×10^4	3.60	5.11×10^4	3.19	8.17×10^4	3.34
阿木尔林业局	3.25×10^4	3.83	5.48×10^4	3.43	8.73×10^4	3.56
图强林业局	2.93×10^4	3.45	5.67×10^4	3.54	8.60×10^4	3.51
漠河林业局	1.66×10^5	19.55	2.87×10^5	17.94	4.53×10^5	18.49

续表

区域	1998~2010年 碳汇量/Mg	比例/%	2011~2018年 碳汇量/Mg	比例/%	合计 碳汇量/Mg	比例/%
十八站林业局	2.92×10^3	0.34	6.99×10^3	0.44	9.91×10^3	0.40
韩家园林业局	7.72×10^1	0.01	8.45×10^2	0.05	9.22×10^2	0.04
加格达奇林业局	4.59×10^5	54.06	9.09×10^5	56.81	1.37×10^6	55.92
合计	8.49×10^5	100.00	1.60×10^6	100.00	2.45×10^6	100.00

注：因有效位数不同，计算结果略有出入，下同。

二、森林经营产生的碳汇量

由表6-4可知，通过实施天保工程，1998~2018年黑龙江省大兴安岭重点国有林区由森林经营措施产生的森林碳汇量为1.06×10^8 Mg，年均森林经营森林碳汇量为5.30×10^6 Mg/a，该项活动是研究区天保工程中增加森林碳汇量幅度最明显的措施。从区域分布来看，各区域间森林经营森林碳汇量存在一定的空间差异，但是要远低于人工造林森林碳汇量的空间分布差异。总体而言，1998~2018年森林经营森林碳汇量最大的塔河林业局为1.85×10^7 Mg，年均森林经营森林碳汇量为9.25×10^5 Mg/a。此外，韩家园林业局、呼中林业局、新林林业局也具有较大的森林碳储量，占比均超过10%。森林经营森林碳汇量最小者为十八站林业局，与塔河林业局相差约3.66倍。从时间变化来看，第二阶段（2011~2018年）的森林经营碳汇量低于第一阶段（1998~2010年），这主要是受计量时间尺度的影响。

表6-4 1998~2018年黑龙江省大兴安岭重点国有林区天保工程森林经营碳汇量

区域	1998~2010年 碳汇量/Mg	比例/%	2011~2018年 碳汇量/Mg	比例/%	合计 碳汇量/Mg	比例/%
松岭林业局	4.94×10^6	7.79	3.29×10^6	7.78	8.23×10^6	7.76
新林林业局	6.50×10^6	10.25	4.34×10^6	10.26	1.08×10^7	10.19
塔河林业局	1.11×10^7	17.51	7.41×10^6	17.52	1.85×10^7	17.45
呼中林业局	6.95×10^6	10.96	4.63×10^6	10.95	1.16×10^7	10.94

续表

区域	1998~2010年		2011~2018年		合计	
	碳汇量/Mg	比例/%	碳汇量/Mg	比例/%	碳汇量/Mg	比例/%
阿木尔林业局	5.75×10^6	9.07	3.83×10^6	9.05	9.59×10^6	9.05
图强林业局	5.15×10^6	8.12	3.43×10^6	8.10	8.58×10^6	8.09
漠河林业局	5.78×10^6	9.12	3.85×10^6	9.11	9.63×10^6	9.08
十八站林业局	3.03×10^6	4.78	2.02×10^6	4.78	5.05×10^6	4.76
韩家园林业局	9.05×10^6	14.27	6.03×10^6	14.26	1.51×10^7	14.25
加格达奇林业局	5.18×10^6	8.17	3.45×10^6	8.16	8.63×10^6	8.14
合计	6.34×10^7	100.00	4.23×10^7	100.00	1.06×10^8	100.00

三、调减木材产生的碳汇量

由表6-5可知，通过实施天保工程，1998~2018年黑龙江省大兴安岭重点国有林区由调减木材措施产生的森林碳汇量为2.43×10^7Mg，年均调减木材森林碳汇量为1.21×10^6Mg/a。从区域分布来看，调减木材森林碳汇量空间异质性较为明显，主要集中在呼中林业局、新林林业局、塔河林业局三个林业局。其中，1998~2018年呼中林业局通过天保工程调减木材产生森林碳汇量达5.04×10^6Mg，超过研究区木材调减总碳汇量的1/5，占比为20.69%。新林林业局也具有较高调减木材森林碳汇量（4.73×10^6Mg），占比为19.44%。韩家园林业局和加格达奇林业局因调减木材产生的森林碳汇量极少，占比均不足研究区调减木材总碳汇量的1.00%。从时间变化来看，研究区调减木材森林碳汇量已由第一阶段（1998~2010年）的9.64×10^6Mg提升至第二阶段（2011~2018年）的1.47×10^7Mg，提升幅度为52.49%。其中，十八站林业局和韩家园林业局增幅明显。韩家园林业局由于木材生产任务较重，在第一阶段依然维持着较高的采伐量，导致其在第一阶段的碳汇效益为负值。总体上，研究区木材调减量的逐年增加，尤其是2014年以后研究区在全国率先启动了停止天然林商业性采伐，大大增加了由调减木材产生的碳汇量。

表 6-5　1998~2018 年黑龙江省大兴安岭重点国有林区天保工程调减木材碳汇量

区域	1998~2010 年 碳汇量/Mg	比例/%	2011~2018 年 碳汇量/Mg	比例/%	合计 碳汇量/Mg	比例/%
松岭林业局	5.65×10^5	5.86	1.53×10^6	10.41	2.10×10^6	8.59
新林林业局	2.04×10^6	21.17	2.69×10^6	18.30	4.73×10^6	19.44
塔河林业局	1.75×10^6	18.16	2.13×10^6	14.49	3.88×10^6	15.98
呼中林业局	2.68×10^6	27.81	2.36×10^6	16.05	5.04×10^6	20.69
阿木尔林业局	1.10×10^6	11.41	1.20×10^6	8.16	2.30×10^6	9.49
图强林业局	1.04×10^6	10.79	1.40×10^6	9.52	2.44×10^6	10.03
漠河林业局	5.69×10^5	5.90	1.30×10^6	8.84	1.87×10^6	7.64
十八站林业局	2.67×10^5	2.77	1.55×10^6	10.54	1.82×10^6	7.44
韩家园林业局	-3.80×10^5	-3.94	5.45×10^5	3.71	1.65×10^5	0.68
加格达奇林业局	6.37×10^3	0.07	7.83×10^3	0.05	1.42×10^4	0.06
合计	9.64×10^6	100.00	1.47×10^7	100.00	2.43×10^7	100.00

四、森林经营活动产生的碳排放量

由表 6-6 可知，通过实施天保工程，1998~2018 年黑龙江省大兴安岭重点国有林区由森林经营措施产生的碳排放总量为 2.13×10^5 Mg，年均碳排放量为 1.06×10^4 Mg/a。从区域分布来看，各区域间森林经营碳排放量占比处于 7.42%~14.32%，表明空间差异相对较小。碳排放量最大的是加格达奇林业局（3.05×10^4 Mg），最小的是图强林业局（1.59×10^4 Mg）。从具体的措施来看，因森林抚育活动导致的碳排放量达 1.57×10^5 Mg，占比高达 73.71%，年均碳排放量为 7.85×10^3 Mg/a，是研究区在实施天保工程过程中最主要的碳排放活动，该项措施各区域间的碳排放量差异不大。研究区碳排放量较小的活动为人工造林，其碳排放量占比仅为 7.74%，但区域之间的空间差异较大。从时间变化来看，相对于第一阶段（1998~2010 年），第二阶段（2011~2018 年）的森林经营碳排放量下降了 40.23%，这主要是受造林规模减小，以及森林抚育和森林管护累计工作量相对较少的影响。

表6-6 1998~2018年黑龙江省大兴安岭重点国有林区天保工程森林经营碳排放量

区域	碳排放量/Mg 人工造林	森林抚育	森林管护	合计	比例/%
松岭林业局	$1.32×10^3$ ($1.07×10^3/2.50×10^2$)	$1.46×10^4$ ($8.79×10^3/5.83×10^3$)	$3.83×10^3$ ($2.37×10^3/1.46×10^3$)	$1.98×10^4$ ($1.22×10^4/7.54×10^3$)	9.30 (9.19/9.48)
新林林业局	$7.38×10^2$ ($5.67×10^2/1.71×10^2$)	$1.87×10^4$ ($1.12×10^4/7.53×10^3$)	$4.88×10^3$ ($3.02×10^3/1.86×10^3$)	$2.44×10^4$ ($1.48×10^4/9.55×10^3$)	11.46 (11.13/12.02)
塔河林业局	$9.98×10^2$ ($8.28×10^2/1.71×10^2$)	$1.92×10^4$ ($1.14×10^4/7.79×10^3$)	$5.15×10^3$ ($3.19×10^3/1.96×10^3$)	$2.53×10^4$ ($1.54×10^4/9.92×10^3$)	11.88 (11.57/12.48)
呼中林业局	$1.13×10^3$ ($7.96×10^2/3.29×10^2$)	$1.78×10^4$ ($1.08×10^4/6.97×10^3$)	$4.35×10^3$ ($2.69×10^3/1.66×10^3$)	$2.33×10^4$ ($1.43×10^4/8.96×10^3$)	10.94 (10.78/11.26)
阿木尔林业局	$6.53×10^2$ ($4.43×10^2/2.10×10^2$)	$1.24×10^4$ ($7.49×10^3/4.93×10^3$)	$3.10×10^3$ ($1.92×10^3/1.18×10^3$)	$1.62×10^4$ ($9.85×10^3/6.32×10^3$)	7.61 (7.41/7.95)
图强林业局	$5.39×10^2$ ($4.47×10^2/9.20×10^1$)	$1.25×10^4$ ($7.48×10^3/4.98×10^3$)	$2.84×10^3$ ($1.76×10^3/1.08×10^3$)	$1.59×10^4$ ($9.68×10^3/6.15×10^3$)	7.42 (7.28/7.73)
漠河林业局	$1.49×10^3$ ($8.71×10^2/6.18×10^2$)	$1.33×10^4$ ($8.08×10^3/5.25×10^3$)	$3.34×10^3$ ($2.07×10^3/1.27×10^3$)	$1.81×10^4$ ($1.10×10^4/7.14×10^3$)	8.54 (8.28/8.98)
十八站林业局	$6.17×10^2$ ($4.33×10^2/1.84×10^2$)	$1.40×10^4$ ($8.55×10^3/5.40×10^3$)	$3.34×10^3$ ($2.07×10^3/1.27×10^3$)	$1.79×10^4$ ($1.10×10^4/6.85×10^3$)	8.40 (8.31/8.62)
韩家园林业局	$5.16×10^2$ ($2.93×10^2/2.23×10^2$)	$1.68×10^4$ ($1.01×10^4/6.67×10^3$)	$3.93×10^3$ ($2.43×10^3/1.50×10^3$)	$2.13×10^4$ ($1.29×10^4/8.39×10^3$)	10.00 (9.67/10.55)
加格达奇林业局	$8.16×10^3$ ($8.34×10^3/1.18×10^2$)	$1.74×10^4$ ($1.06×10^4/6.79×10^3$)	$4.67×10^3$ ($2.89×10^3/1.78×10^3$)	$3.05×10^4$ ($2.18×10^4/8.69×10^3$)	14.32 (16.38/10.93)
合计	$1.65×10^4$ ($1.41×10^4/2.37×10^3$)	$1.57×10^5$ ($9.45×10^4/6.21×10^4$)	$3.94×10^4$ ($2.44×10^4/1.50×10^4$)	$2.13×10^5$ ($1.33×10^5/7.95×10^4$)	100.00 (100/100)

注：括号内为不同阶段产生的森林经营碳排放量或比例（1998~2010年/2011~2018年）。

五、天保工程引发的碳泄漏

由表6-7可知，通过实施天保工程，1998~2018年黑龙江省大兴安岭重点国有林区由调减木材导致的总碳泄漏量为$1.74×10^5$Mg，年均碳泄漏量为$8.69×10^3$

Mg/a。从区域分布来看,调减木材碳泄漏量空间异质性较为明显,主要集中在呼中林业局、新林林业局、塔河林业局三个林业局,三者碳泄漏量之和占比超过研究区总碳泄漏量的一半。韩家园林业局和加格达奇林业局由于年木材产量相对较少,木材调减的空间也较小,由此引发的碳泄漏量也较少,两者碳泄漏量占比均不足研究区总碳泄漏量的1%。从时间变化来看,相对于第一阶段(1998~2010年),第二阶段(2011~2018年)的碳泄漏量上升了52.17%。

表6-7 1998~2018年黑龙江省大兴安岭重点国有林区天保工程碳泄漏量

区域	1998~2010年 碳泄漏/Mg	比例/%	2011~2018年 碳泄漏/Mg	比例/%	合计 碳泄漏/Mg	比例/%
松岭林业局	$4.04×10^3$	5.86	$1.09×10^4$	10.38	$1.49×10^4$	8.56
新林林业局	$1.46×10^4$	21.16	$1.92×10^4$	18.29	$3.38×10^4$	19.43
塔河林业局	$1.25×10^4$	18.12	$1.53×10^4$	14.57	$2.78×10^4$	15.98
呼中林业局	$1.92×10^4$	27.83	$1.68×10^4$	16.00	$3.60×10^4$	20.69
阿木尔林业局	$7.89×10^3$	11.43	$8.58×10^3$	8.17	$1.65×10^4$	9.48
图强林业局	$7.45×10^3$	10.80	$9.97×10^3$	9.50	$1.74×10^4$	10.00
漠河林业局	$4.07×10^3$	5.90	$9.26×10^3$	8.82	$1.33×10^4$	7.64
十八站林业局	$1.91×10^3$	2.77	$1.10×10^4$	10.48	$1.29×10^4$	7.47
韩家园林业局	$-2.71×10^3$	-3.93	$3.89×10^3$	3.70	$1.18×10^3$	0.68
加格达奇林业局	$4.55×10^1$	0.07	$5.59×10^1$	0.05	$1.01×10^2$	0.06
合计	$6.90×10^4$	100.00	$1.05×10^5$	100.00	$1.74×10^5$	100.00

六、天保工程净固碳量

由表6-8可知,通过实施天保工程,1998~2018年黑龙江省大兴安岭重点国有林区累计产生净固碳量为$1.32×10^8$ Mg,年均产生净固碳量为$6.61×10^6$ Mg/a。从区域分布来看,各区域净固碳量存在一定的空间差异。其中,塔河林业局累计净固碳量最多,1998~2018年产生累计净固碳量为$2.26×10^7$ Mg,年均净固碳量为$1.13×10^6$ Mg/a。此外,呼中林业局、新林林业局、韩家园林业局的累计净固碳量也相对较大,占比均在10%以上。阿木尔林业局、漠河林业局、图强林业局、松岭林业局和加格达奇林业局的累计净固碳量与前述四个林业局有一定差距,但差距并不大。研究区累计净固碳量最小是十八站林业局,累计净固碳量为 $6.84×10^6$ Mg,年均净固碳量为 $3.42×10^5$ Mg/a,不足塔河林业局的1/3。从时间变化来看,第二阶段(2011~2018年)的净固碳量低于第一阶段(1998~2010年),这主要是受森林经营碳汇量在不同阶段的差异较大的影响。结合表6-5和表6-6可知,1998~2018年研究区天保工程累计产生的碳排放量和碳泄漏量仅占累计碳汇量的0.29%,表明整体抵消比例极小。

表6-8 1998~2018年黑龙江省大兴安岭重点国有林区天保工程净固碳量

区域	1998~2010年 净固碳量/Mg	比例/%	2011~2018年 净固碳量/Mg	比例/%	合计 净固碳量/Mg	比例/%
松岭林业局	$5.52×10^6$	7.49	$4.87×10^6$	8.34	$1.04×10^7$	7.88
新林林业局	$8.54×10^6$	11.59	$7.02×10^6$	12.02	$1.56×10^7$	11.82
塔河林业局	$1.29×10^7$	17.50	$9.65×10^6$	16.52	$2.26×10^7$	17.12
呼中林业局	$9.62×10^6$	13.05	$7.01×10^6$	12.00	$1.66×10^7$	12.58
阿木尔林业局	$6.87×10^6$	9.32	$5.08×10^6$	8.70	$1.20×10^7$	9.09
图强林业局	$6.20×10^6$	8.41	$4.87×10^6$	8.34	$1.11×10^7$	8.41
漠河林业局	$6.50×10^6$	8.82	$5.42×10^6$	9.28	$1.19×10^7$	9.02
十八站林业局	$3.29×10^6$	4.46	$3.55×10^6$	6.08	$6.84×10^6$	5.18
韩家园林业局	$8.66×10^6$	11.75	$6.57×10^6$	11.25	$1.52×10^7$	11.52
加格达奇林业局	$5.62×10^6$	7.63	$4.36×10^6$	7.47	$9.98×10^6$	7.56
合计	$7.37×10^7$	100.00	$5.84×10^7$	100.00	$1.32×10^8$	100.00

第三节 森林碳储量及固碳潜力评估

一、不同区域的森林碳储量和碳密度

从不同区域森林植被固碳情况来看(表6-9),黑龙江省大兴安岭重点国有林区森林植被总碳储量为 $2.7246×10^8$ Mg,其中乔木林碳储量占比高达99.93%,灌木林、疏林和苗圃碳储量合计量仅占0.07%。林区平均碳密度为39.46Mg/

hm², 其中乔木林平均碳密度为 39.53Mg/hm², 远高于其他森林植被类型的平均碳密度, 是灌木林平均碳密度的 4.00 倍、疏林平均碳密度的 3.72 倍。从分区域的情况来看, 森林植被碳储量排前五位的分别是新林林业局、塔河林业局、呼中林业局、松岭林业局和韩家园林业局, 五个区域的碳储量合计占比超过林区总碳储量的一半, 达 52.67%。不同区域森林植被碳储量差异悬殊, 森林植被碳储量最多的新林林业局与最少的盘中国家级自然保护区相差达 31.54 倍。平均碳密度排前五位的分别是双河国家级自然保护区、绰纳河国家级自然保护区、呼中国家级自然保护区、南瓮河国家级自然保护区和岭峰国家级自然保护区, 远高于林区平均碳密度。平均碳密度最大的双河国家级自然保护区是平均碳密度最小的盘中自然保护区的 2.70 倍。

表 6-9 各区域森林植被碳储量和碳密度

区域	碳储量/Mg 合计	乔木林	灌木林	疏林	苗圃	平均碳密度 /(Mg/hm²)
阿木尔林业局	1.6878×10^7	1.6869×10^7	5.2804×10^3	3.1735×10^3	0	37.97
北极村国家级自然保护区	5.3070×10^6	5.3064×10^6	0	6.3747×10^2	0	40.59
绰纳河国家级自然保护区	5.2231×10^6	5.2227×10^6	0	4.0531×10^2	0	56.55
多布库尔国家级自然保护区	2.9910×10^6	2.9910×10^6	0	0	1.5808×10^2	36.15
韩家园林业局	2.2189×10^7	2.2185×10^7	3.7960×10^3	2.7860×10^1	1.7784×10^2	35.89
呼中林业局	3.1463×10^7	3.1409×10^7	5.3936×10^4	4.9881×10^2	0	42.16
呼中国家级自然保护区	8.2328×10^6	8.1932×10^6	3.9521×10^4	0	4.9400×10^2	52.73
加格达奇林业局	2.0062×10^7	2.0062×10^7	0	4.3520×10^1	0	36.97
岭峰国家级自然保护区	3.0699×10^6	3.0666×10^6	3.3467×10^3	0	0	45.27
南瓮河国家级自然保护区	6.7677×10^6	6.7674×10^6	0	2.7828×10^2	0	47.88

续表

区域	碳储量/Mg					平均碳密度/(Mg/hm²)
	合计	乔木林	灌木林	疏林	苗圃	
盘中国家级自然保护区	1.0936×10^6	1.0936×10^6	0	0	0	22.11
十八站林业局	1.5677×10^7	1.5671×10^7	2.5589×10^2	6.1629×10^3	4.0508×10^2	29.69
双河国家级自然保护区	4.7940×10^6	4.7906×10^6	0	3.3895×10^3	0	59.68
松岭林业局	2.2955×10^7	2.2950×10^7	5.1663×10^2	4.8161×10^3	2.6625×10^2	38.92
塔河林业局	3.2399×10^7	3.2390×10^7	7.0779×10^3	6.9079×10^2	9.6824×10^2	40.80
图强林业局	1.6867×10^7	1.6866×10^7	2.2920×10^1	1.5510×10^1	2.0748×10^2	36.26
漠河林业局	2.1998×10^7	2.1969×10^7	1.3900×10^4	1.3669×10^4	8.5956×10^2	39.99
新林林业局	3.4497×10^7	3.4484×10^7	1.2226×10^4	6.4629×10^2	2.7298×10^2	41.80
全林区	2.7246×10^8	2.7229×10^8	1.3988×10^5	3.4455×10^4	4.2838×10^3	39.46

二、主要林分类型碳储量和碳密度

从不同林分类型森林植被固碳情况来看（表6-10），黑龙江省大兴安岭重点国有林区不同优势树种碳储量差异较大，落叶松林和桦树林是林区碳储量最大的两类优势树种，两者碳储量合计占林区总碳储量的91.75%，尤其是落叶松林，其碳储量占比接近林区总碳储量的1/2，是林区最主要储碳优势树种。而红松、椴树、榆树等其他各类优势树种碳储量占比较小，其碳储量合计值不足落叶松林碳储量的1/800。平均碳密度最大的三类优势树种分别是樟子松、水曲柳和落叶松，而杨树、蒙古栎等优势树种平均碳密度较小，樟子松的平均碳密度是杨树平均碳密度的2.44倍。

表6-10 主要优势树种碳储量和碳密度

树种（组）	碳储量/Mg	碳储量占比/%	面积/hm²	平均碳密度/(Mg/hm²)
落叶松	1.3364×10^8	49.05	3.2075×10^6	41.66
桦树	1.1633×10^8	42.70	3.0174×10^6	38.55

续表

树种（组）	碳储量/Mg	碳储量占比/%	面积/hm²	平均碳密度/（Mg/hm²）
杨树	8.9111×10⁶	3.27	3.4629×10⁵	25.73
樟子松	5.8880×10⁶	2.16	9.3648×10⁴	62.87
蒙古栎	5.6706×10⁶	2.08	1.7630×10⁵	32.16
云杉	1.0504×10⁶	0.39	2.8712×10⁴	36.58
柳树	7.9191×10⁵	0.29	2.1802×10⁴	36.32
水曲柳	2.3853×10⁴	0.01	5.5230×10²	43.19
其他	1.5641×10⁵	0.06	1.4744×10⁴	10.31

三、不同林种的森林碳储量和碳密度

从不同林种森林植被固碳情况来看（表6-11），黑龙江省大兴安岭重点国有林区包括防护林、用材林、特种用途林三类林种，其碳储量排序依次为用材林>防护林>特种用途林。三类林种具体涉及水源涵养林、护岸林等10个亚林种，其中碳储量最大的三类亚林种分别是一般用材林、水源涵养林和短轮伐期工业原料用材林，三者碳储量合计超过林区总碳储量的一半，占比达58.99%。碳储量最多的一般用材林是碳储量最少的风景林的970.80倍。平均碳密度最大的三类亚林种均属于特种用途林，分别是母树林、自然保护林和环境保护林。平均碳密度最大的母树林是平均碳密度最小的国防林的1.42倍。

四、不同龄组和起源乔木林碳储量和碳密度

从不同龄组的固碳情况来看（表6-12），黑龙江省大兴安岭重点国有林区乔木林不同林龄的碳储量排序为中龄林>近熟林>成熟林>幼龄林>过熟林，中龄林、幼龄林碳储量合计值占林区乔木林总碳储量的70.77%。不同龄组乔木林碳储量差异悬殊，碳储量最大的中龄林是碳储量最小的过熟林的38.54倍。在平均碳密度方面，随龄组的增大，乔木林平均碳密度也呈逐渐增大趋势，从幼龄林的19.20Mg/hm²上升至过熟林的50.16Mg/hm²，两者相差1.61倍。从乔木林分起

源的情况来看，天然林碳储量远高于人工林碳储量，天然林碳储量是人工林碳储量的49.87倍；同时，天然乔木林平均碳密度在整体上也高于人工林平均碳密度，但在幼龄林和成熟林当中的情况则相反。

表6-11 不同林种碳储量和碳密度

林种		碳储量/Mg	占林区总碳储量比例/%	平均碳密度/(Mg/hm²)
防护林	水源涵养林	3.5389×10^7	12.99	42.28
	护岸林	1.8835×10^7	6.91	36.94
用材林	一般用材林	1.0573×10^8	38.81	38.44
	短轮伐期工业原料用材林	1.9590×10^7	7.19	39.86
特种用途林	国防林	4.0757×10^6	1.50	33.49
	实验林	2.5529×10^5	0.09	41.00
	母树林	5.2765×10^5	0.19	47.64
	环境保护林	4.2869×10^5	0.16	43.38
	风景林	1.0891×10^5	0.04	39.50
	自然保护林	1.6513×10^7	6.06	44.24

表6-12 不同龄组森林植被碳储量和碳密度

龄组	合计 碳储量/Mg	合计 平均碳密度/(Mg/hm²)	天然林 碳储量/Mg	天然林 平均碳密度/(Mg/hm²)	人工林 碳储量/Mg	人工林 平均碳密度/(Mg/hm²)
幼龄林	1.9664×10^7	19.20	1.9159×10^7	19.06	5.0471×10^5	26.22
中龄林	1.7303×10^8	41.42	1.6938×10^8	41.84	3.6446×10^6	28.21
近熟林	4.2534×10^7	45.72	4.1417×10^7	45.90	1.1168×10^6	39.85
成熟林	3.2571×10^7	48.90	3.2489×10^7	48.87	8.1905×10^4	60.50
过熟林	4.4901×10^6	50.16	4.4861×10^6	50.18	4.0109×10^3	37.40
合计	2.7229×10^8	39.53	2.6693×10^8	39.78	5.3520×10^6	30.08

五、不同林地类型固碳潜力

从不同林地类型固碳潜力来看（表6-13），黑龙江省大兴安岭重点国有林区林地总固碳潜力为 1.9367×10^8 Mg，其中现存森林植被固碳潜力为 1.4032×10^8 Mg，占林区总固碳潜力的72.45%。不同林地类型固碳潜力差异较为悬殊，固碳潜力大小排序为乔木林地（72.38%）＞其他宜林地（23.96%）＞宜林荒山荒地（2.70%）＞宜林沙荒地（0.63%）＞其他无立木林地（0.16%）＞疏林地（0.08%）＞未成林造林地（0.07%）＞火烧迹地（0.03%）。从不同优势树种的固碳潜力来看（图6-1），其主要贡献来自当前的六类优势树种林分，分别是桦树（47.65%）、落叶松（38.86%）、杨树（8.78%）、蒙古栎（3.86%）、云杉（0.46%）和柳树（0.38%），其他优势树种林分固碳潜力合计量仅占乔木林总固碳潜力的0.02%。从不同区域固碳潜力来看（图6-2），林区各林业局固碳潜力要远高于各国家级自然保护区，其中固碳潜力最大的是加格达奇林业局（2.6687×10^7 Mg），占林区总固碳潜力的13.78%；固碳潜力最小的是岭峰国家级自然保护区（3.4007×10^5 Mg），仅占林区总固碳潜力的0.18%。

表6-13 不同林地类型固碳潜力

地类	碳储量/Mg	碳容量/Mg	固碳潜力/Mg
乔木林地	2.7229×10^8	4.1246×10^8	1.4017×10^8
灌木林地	1.3988×10^5	1.3988×10^5	—
疏林地	3.4455×10^4	1.8336×10^5	1.4891×10^5
苗圃地	4.2838×10^3	4.2838×10^3	—
宜林荒山荒地	0	5.2246×10^6	5.2246×10^6
宜林沙荒地	0	1.2296×10^6	1.2296×10^6
其他宜林地	0	4.6395×10^7	4.6395×10^7
未成林造林地	0	1.2836×10^5	1.2836×10^5
其他无立木林地	0	3.1388×10^5	3.1388×10^5
火烧迹地	0	5.7425×10^4	5.7425×10^4
采伐迹地	0	1.1875×10^3	1.1875×10^3
合计	2.7247×10^8	4.6614×10^8	1.9367×10^8

第六章 | 黑龙江省大兴安岭重点国有林区森林固碳能力评估及价值实现研究

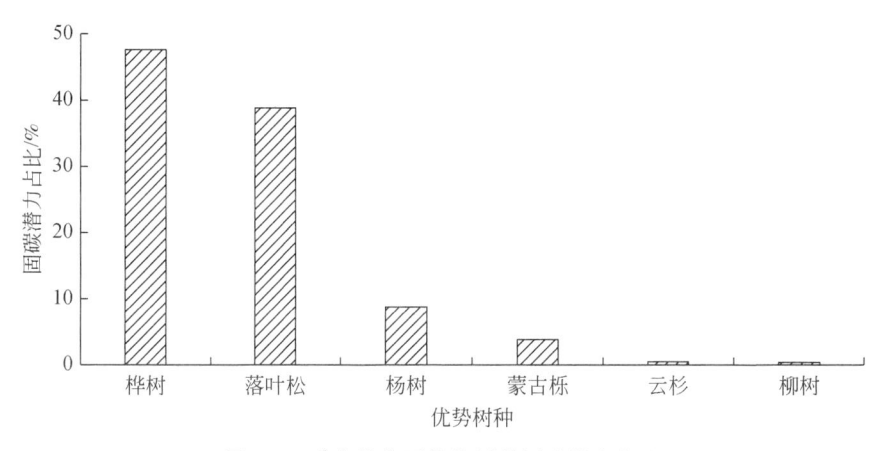

图 6-1 乔木林主要优势树种固碳潜力占比

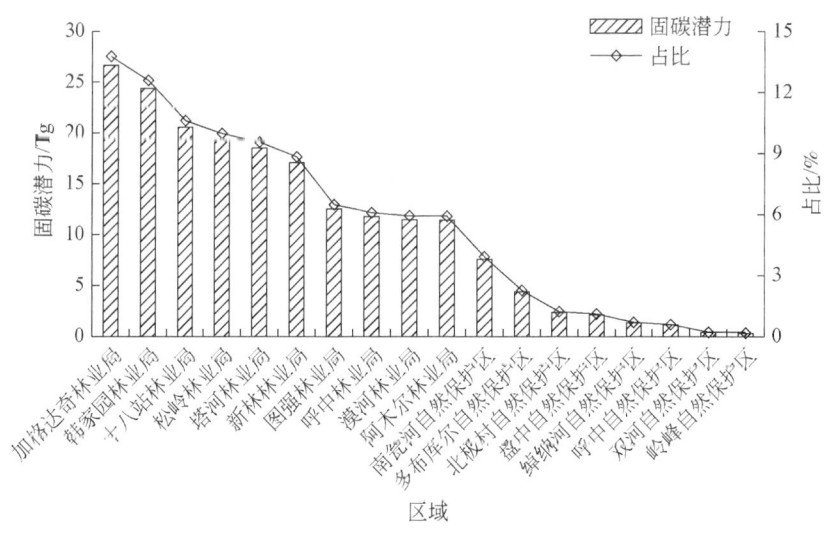

图 6-2 不同区域的固碳潜力及其占比

第四节 国有林区林业碳汇价值实现研究

一、黑龙江省大兴安岭重点国有林区发展林业碳汇的优势所在

（1）具备丰富的森林资源基础。黑龙江省大兴安岭重点国有林区拥有非常

丰富的森林资源，截至 2020 年底，黑龙江省大兴安岭重点国有林区森林蓄积量接近 6 亿 m³、拥有森林面积约为 688 万 hm²。但是，森林质量普遍不高，单位面积森林蓄积量不足 90m³/hm²，低于世界平均水平，更远低于同纬度带林业发达国家，不足德国单位面积森林蓄积量的 1/3，中幼龄林面积占森林总面积的比例超过 75%，上述情况均表明黑龙江省大兴安岭重点国有林区具有较大的森林碳汇提升空间。

（2）营造了森林资源保护修复的制度环境。黑龙江省大兴安岭重点国有林区已于 2014 年在全国率先全面停止了对天然林的商业性采伐，将森林资源保护修复上升为林区工作的第一要务，真正实现了由木材生产体系向生态保护体系的转变，为黑龙江省大兴安岭重点国有林区森林生态系统碳库积累量持续增加和加快固碳速率提供了可能。

（3）积累了一定的碳汇开发实践经验。黑龙江省大兴安岭重点国有林区较早开始了林业碳汇价值实现的探索，早在 2014 年大兴安岭图强林业局就率先着手于林业碳汇项目的开发筹备工作。2016 年 4 月，碳汇造林项目获得国家发展和改革委员会备案；同年 10 月，第三方 DOE 完成监测报告；2018 年 10 月，第三方 DOE 完成核证报告。2018 年，图强林业局在农业商业银行以年均碳量 40 万 t 抵押贷款 1000 万元，开创了全国碳金融衍生品开发的先河。通过上述探索，黑龙江省大兴安岭重点国有林区在一定程度上积累了林业碳汇产品价值实现的经验，培养了一批林业碳汇项目开发相关的技术型人才和管理型人才。

（4）获取了林业碳汇相关的国家政策支持。2022 年，大兴安岭图强林业局成功入选国家林业碳汇试点单位，成为国家首批 21 个国有林场森林碳汇试点单位之一。依托林业碳汇试点建设，黑龙江省大兴安岭重点国有林区将在提升林草碳汇能力、创新森林增汇技术、有效提升碳汇测算与报告水平、探索林业碳汇价值实现机制等方面获得支持。

二、黑龙江大兴安岭重点国有林区发展林业碳汇面临的问题

（一）国有林区林业碳汇权责利问题尚未理顺

林业碳汇属于森林生态功能的产物，其产品具有经济外部性，与传统的林地价值和林木价值具有明显的区别。明晰的产权是促进林业碳汇价值实现的前提，

其关键在于保障产权主体明确、产权界限清晰,做到权有其主、利责匹配。目前,《中华人民共和国森林法》《中华人民共和国物权法》以及碳汇相关的政策条例均没有对林业碳汇占有权、使用权、处置权、转让权、收益权等进行明确界定。由于黑龙江省大兴安岭重点国有林区特殊的资源产权归属和经营历史,在国有林区开展林业碳汇项目开发是否存在国有资产流失风险、是否引发合同纠纷等方面尚不明晰,再加上国有林区的决策者与职工本身对林业碳汇的接受程度普遍较低,这严重制约了国有林区开展林业碳汇项目开发的步伐。

(二)林业碳汇收益分配不明严重影响经营主体的积极性

早在 1954 年,《中华人民共和国宪法》就已规定,包括森林在内的各类自然资源实行全民所有制,国有森林工业型企业代理国家行使森林资源使用权。在 20 世纪 90 年代后期开始至 21 世纪初的一段时期内,国家曾在东北林区探索森林资源管护承包责任制和国有林权制度改革等分权化改革,但由于受到诸多现实因素的制约,上述探索并没有真正见到长久实效,国家对于国有林分权管理始终持谨慎态度,目前主要还是采取国有统一经营管理的模式。统一经营管理模式有利于强化对国有森林资源的有效管控,但同时也面临着难以有效调动个体积极性促进林业碳汇发展的不利局面。另外,国有林区林业碳汇项目开发过程中涉及众多利益相关者,如林业主管部门、森林工业型企业、林业局、林场、碳汇企业等均有可能参与其中,收益分配问题复杂且难以达到最优分配,再加上当前林业碳汇市场发展不完善、碳汇投资收益回报率不高的原因,影响了不同主体开发国有林区林业碳汇的预期。

(三)灵活的林业碳汇交易机制缺失较为严重

早在 2011 年,国家在北京市、广东省、上海市、天津市、重庆市、湖北省和深圳市七个省(市)启动了碳排放交易试点;在试点基础上,各地进行了卓有成效的制度建设,相继制定了林业碳汇发展方案及相关交易政策。例如,2014 年北京市出台了《北京市碳排放权交易管理办法(试行)》,将林业碳汇作为抵消机制纳入其中,规定北京林业碳汇抵消机制(BCER)可参与碳交易。2015 年,广东省出台了《广东省碳普惠制试点工作实施方案》,将林业碳汇纳入其中,规定广东碳普惠抵消信用机制(PHCER)可参与广东省试点碳市场交易。2017 年,福建省出台了《福建省林业碳汇交易试点方案》,规定福建林业碳汇抵消机制（FFCER）可参与福建省试点碳市场交易。然而，黑龙江省大兴安岭重点国有林区所在的东北地区虽属于林业碳汇资源富集区，但在林业碳汇发展方案及相关交易政策方面建设滞后。

（四）缺乏适宜的林业碳汇项目方法学作为支撑

林业碳汇项目开发必须遵循一定的方法学要求，国内仅有极少数的自愿性市场涉及了有关天然林的方法学，而当前主流的林业碳汇项目开发机制均主要面向人工林。如中国核证自愿减排量（CCER）目前涉林类碳汇项目方法学仅有造林和森林经营两类，且开发对象均针对人工林。再如国际核证碳减排标准（VCS）的涉林类林业碳汇项目方法学，虽然没有排除天然林资源，但当前黑龙江省大兴安岭的天然林资源条件已不符合其开发指南（standard 4.3）的要求。此外，涉及森林固碳增汇能力提升方面的技术和方法目前也不够成熟，尤其是缺乏针对性天然林固碳增汇能力提升的标准和技术体系。

（五）资本扶持严重缺位

当前，国内外主流的林业碳汇交易机制均设计有一套较为严密复杂的运行过程，基本包括项目设计、项目审定、项目实施与监测、项目核证、项目签发等环节，这体现了项目过程的规范性与严谨性，但客观上也使得林业碳汇项目开发周期普遍较长，再加上项目执行周期最短也在十年以上，导致项目开发将产生较高的成本和风险。黑龙江省大兴安岭重点国有林区经济发展长期高度依赖木材采运，当前传统木材采运产业已经难以为继，失去了最核心的资金创收来源，而接续替代产业尚未发展壮大。再加上林业碳汇项目的运作模式、操作方法、风险防控均存在较大的不确定性，金融机构参与林业碳汇的意愿也不够强烈，致使用于发展林业碳汇的资金和抵御运营风险的能力皆不足。

三、黑龙江省大兴安岭重点国有林区林业碳汇价值实现路径

（一）市场主导下的价值实现路径

市场主导下的林业碳汇价值实现路径主要针对具有营收属性的林业碳汇产品和服务，依托市场机制作用有效促进林业碳汇的流通、定价和交易。具体实现路

径形式包括自愿交易市场化路径、"林业碳汇+"产业化路径和林业碳汇金融产品市场化路径。

1. 自愿交易市场化路径

自愿交易市场化路径主要是指依托碳排放权交易市场的定价和交易等功能，将林业碳汇的非市场价值进行价值化转变，进而实现价值变现和增值收益。依据黑龙江省大兴安岭重点国有林区可以参与的交易市场可分为国际市场和国内市场。在国际市场方面，目前常见的碳抵消机制包括清洁发展机制（CDM）和国际核证碳减排标准（VCS）。由于受欧盟碳市场的影响（2013年以后只接受最不发达国家的CDM项目用于履约），CDM项目已不适合黑龙江省大兴安岭重点国有林区。VCS机制是目前我国林业碳汇项目参与国际自愿交易市场最热门开发方向，但在《巴黎协定》的"国家自主贡献"规则机制下以及VCS新指南的规定下，国内开发VCS国际项目的前景也受到了冲击。黑龙江省大兴安岭重点国有林区应该立足国内较为成熟的林业碳汇交易市场，重点关注CCER碳汇机制的发展动向，按照《温室气体自愿减排交易管理办法（试行）》和新发布的温室气体自愿减排项目方法学的要求，开发符合要求和规定的林业碳汇项目，探索研发和积极争取将涉及天然林抚育管理、减少毁林和森林退化方面的碳汇项目方法学标准纳入CCER碳汇机制。此外，还要考虑构建一套具有区域覆盖度的地方性碳普惠机制，将无法进入国内外碳市场交易的林业碳汇项目和产品类型纳入地方碳普惠市场，在遵循生态优化和保护优先的前提下盘活国有林区闲置林地林木资源，实现林业碳汇价值最大化。

2. "林业碳汇+"产业化路径

"林业碳汇+"产业化路径主要是指充分发挥林业碳汇项目在绿色、低碳方面的优势特点，将碳汇林资源的生态价值融入林副产品和服务，提高林地林木资源利用效率和产品附加值，最终通过林副产品和服务的售卖完成溢价和变现的路径方式。结合黑龙江省大兴安岭重点国有林区的资源禀赋、产业基础、基础设施条件等，考虑发展"林业碳汇+林下经济"产业，加快发展道地中药材、林下养殖、森林食品等产业；考虑发展"林业碳汇+现代服务业"，加快发展旅游观光、科普研学、生态康养等产业。

3. 林业碳汇金融产品市场化路径

林业碳汇金融产品市场化路径主要是指将金融资本与林业碳汇项目或产品进行关联，将社会资金进行变现，并转移到造林、森林经营、减少毁林等固碳增汇活动当中，具体形式包括林业碳汇信贷、林业碳汇债券、林业碳汇保险、林业碳汇股权融资等。林业碳汇信贷是指将林业碳汇交易权或收益权等进行质押贷款、授信或保理融资。林业碳汇债券是指依托林业碳汇项目或产品向社会公众融资，承诺到期后按照一定利率偿还本息的形式。林业碳汇保险是指在林业碳汇项目和产品开发过程中规避碳损失风险以及碳交易过程中规避碳汇价格下跌损失风险的金融工具。林业碳汇股权融资是指碳汇项目和产品开发业主通过股票市场发行碳汇股票获得资金，投资者投资林业碳汇股票获得碳汇项目和产品的股权。除此以外，还有林业碳汇远期、期货、期权等金融衍生产品。针对黑龙江省大兴安岭重点国有林区的特点以及林业碳汇项目或产品的属性特点，林业碳汇信贷和林业碳汇债券是目前具备较强可操作性的两种价值实现方式。

（二）政府主导下的价值实现路径

政府主导下的林业碳汇价值实现路径主要针对具有公共产品特性的林业碳汇产品和服务，依托政府在资源要素配置和强制监督管理方面的优势，推动林业碳汇产品和服务规范化运行。具体实现路径形式包括碳汇保护补偿路径和碳汇损害赔偿路径。

1. 碳汇保护补偿路径

该路径主要是指政府通过财政转移支付、财政补贴补助等方式将林业碳汇产品和服务的外部性价值转化为对生态保护修复的资金激励，进而实现林业碳汇产品和服务的价值转化，体现"谁保护、谁受益"的逻辑理念。目前，黑龙江省大兴安岭重点国有林区可以获取的补偿性资金主要源于森林生态效益补偿基金和国家重点生态功能区转移支付，但上述资金并没有将林业碳汇生态效益作为补偿标准制定的依据纳入补偿范畴。因此，一方面有必要完善现有森林生态效益补偿机制，将林业碳汇生态效益作为重要因素对现有生态补偿标准进行调整，合理划分补偿层级和补偿优先级，实施体现林业碳汇功能的差别化补偿；另一方面有必要推动补偿创新突破，拓展生态保护补偿范围、途径和方式，规范补偿流程，健全生态保护补偿的相关配套体系，促进纵向补偿与横向补偿的创新融合。

2. 碳汇损害赔偿路径

该路径主要是指通过引导赔偿人购买经专业机构审定核查的碳汇减排量或缴纳相应损害价值的赔偿金用于营造碳汇林，从而履行碳汇损害责任。黑龙江省大兴安岭重点国有林区林草主管部门应该在生态保护责任追究制度和环境损害赔偿制度的基础上,加强与当地司法部门的交流合作,建立健全碳汇损害赔偿协调机制。当国有林区林草资源遭受碳汇损害后,由司法部门向林草主管部门出具基本案情、森林资源破坏情况、评定事项、起诉书等材料,林草主管部门委派林草碳汇专业技术人员制定修复方案、确定修复保证金、测算碳汇价值量损失、制定恢复植被和林业生产条件方案等,并根据实际情况采取原地或异地恢复。

第五节 小 结

(1) 天保工程区森林碳库呈现显著的碳汇特征。1998～2018 年,黑龙江省大兴安岭重点国有林区依托天保工程的实施累计产生净固碳量为 1.32×10^8 Mg,年均产生净固碳量为 6.61×10^6 Mg/a。经过天保工程 20 年的持续建设,研究区森林资源面积和质量逐步提升,森林碳库表现出明显的碳汇作用,这与相恒星等 (2021) 基于生态系统服务视角研究东北地区天保工程实施效果的评估结果一致。与此同时,基于对研究区森林碳库发展趋势的推测可知,目前林区尚有可供造林土地面积约为 8.62×10^5 hm^2,中龄林、幼龄林面积占林区森林总面积的比例高达 75.52%,表明林区森林植被存在较大的固碳潜力。虽然天保工程已于 2020 年底正式结束,但是天然林保护工作在研究区仍将持续深化。宁可等 (2014)、刘博杰等 (2017) 的研究均表明,通过优化森林经营管理能够有效提升森林固碳增汇效益。为进一步发挥研究区森林碳库作用,未来研究区应在《天然林保护修复制度方案》的指导下,从固碳、增汇、保汇三个方面做好后天保工程时代的森林保护与修复工作。在固碳方面,严格落实天然林商业性停伐政策,加强森林资源监测与监管,保持森林碳库稳定。在增汇方面,加强对存量森林的科学经营,重视森林多功能经营管理权衡与协调理论和技术研究,推动研究区森林固碳增汇效益与生物多样性保护、水源涵养、木材储备等多重效益的协调提升;在继续做好人工造林工作的同时,注重落实人工促进天然更新措施,提高森林生态系统增汇效率。在保汇方面,加强现代化设备装备的配置与应用,提高应对森林灾害尤其是对雷击火的防控和处置能力,减少或避免森林碳库损失。

(2) 天保工程区森林碳库对区域碳中和作用明显。通过查询中国碳核算数据库 (CEADs) 黑龙江省碳排放清单,经进一步测算发现,1998～2018 年研究区净固碳量相当于抵消了同期黑龙江省二氧化碳累计排放量的近 12%,表明天保工程对区域尺度碳中和作用显著。虽然在天保工程实施过程中引发的碳排放、碳泄漏会抵消一部分森林固碳效益，但是大部分学者认为该抵消比例通常很小。研究区因天保工程引发的碳排放量和碳泄漏量对森林固碳量的抵消比例仅为0.29%，这与赵福生等（2015）、Timmermann 和 Dibdiakova（2014）关于营造林活动对森林固碳作用的影响的研究结果十分接近，表明研究区森林固碳增汇效益的整体效益未受到明显影响。但与欧光龙等（2010）的研究结果存在较大差异，这主要是由于生态林与经济林在营造过程中存在差别。在经济林的造林和抚育管理过程中，为最大限度地提高其经济收益，一般会使用大量的碳氮化肥，且会增加人为经营管理的频次，导致其碳排放强度要大于前者。另外，基于成本效益来看，1998~2018年研究区天保工程累计投入资金306.08亿元，折合单位固碳成本仅为63.18元/Mg CO_2e，相对于生物质能和碳捕集与封存（BECCS）高达700~1400元/Mg CO_2的单位固碳成本（何韵等，2022），天保工程固碳成本的优势十分明显。

（3）天保工程措施影响森林碳汇的空间分布格局。从天保工程主要措施对森林碳库的影响来看，研究区森林碳汇效益的主要贡献源自森林经营措施对存量森林质量的改善提升和对木材采伐量的大幅调减，这与何韵等（2022）研究发现在部分天保工程区存在以人工造林为主要贡献的情况有所差别。这一差异与天保工程在全国不同区域的建设目标和任务分工情况是相匹配的。在天保工程总体布局中，实施人工造林的重点区域主要集中在四川、云南等长江上游和陕西、甘肃等黄河上中游地区，而研究区的人工造林任务量比例相对较小。同时，研究区是木材调减的重点区域。尤其是自2014年开始，研究区在全国率先停止了对天然林的商业性采伐。因此，上述因素是造成同为天保工程区，但碳汇主体贡献来源不同的重要原因。此外，何韵等（2022）研究发现，长江、黄河流域部分省份在天保工程实施期间的某些年份其木材采伐量依然大于天保工程实施前的情况，这进一步印证了上述推论。值得注意的是，上述因素也是造成研究区内部各林业局之间森林碳汇效益贡献来源差异的主要原因，如加格达奇林业局在较长一段时间内一直作为"营林型"林业局进行建设管理，其主要任务是开展营林造林活动，区别于其他以木材采伐为主的"森工型"林业局，这使得加格达奇林业局具有最多的人工造林碳汇量和最少的调减木材碳汇量。从总体上看，由于人工造林和调减木材两项措施的任务空间布局不均，研究区净固碳量存在一定程度的空间异质性，且这种空间异质性可能随着时间的推进变得更为凸显。

（4）制约天然林碳汇价值实现的瓶颈亟待突破。从推动研究区森林碳汇产品价值实现的视角看，参与林业碳汇市场化交易是当前极具可行性的方式之一，产生的经济收益可以作为天然林保护资金投入的有益补充。但是，目前中国开展的林业碳汇交易主要是在温室气体自愿减排交易机制下实行的碳排放配额清缴抵消活动，其碳汇需求总量被严格限制。更为关键的是，涉及天然林的保护修复内容尚未被主管部门纳入林业碳汇项目方法学备案，导致天然林经营产生的碳汇增量不能作为交易标的物。受制于此，研究区仅能将人工造林和人工林森林经营产生的碳汇量推向碳交易市场。与此同时，研究区人工造林空间十分有限，且人工林存量面积比例低，绝大部分森林属于天然次生林。此外，研究区未来最主要的工作任务是对天然次生林的保护与修复。在当前林业碳汇市场交易体系下，天然次生林经营产生的大量碳汇量无法实现经济价值，这对于整个天保工程区而言皆是十分不利的局面。因此，对于学界及行业管理部门而言，如何尽快完善林业碳汇交易机制、加快论证将天然次生林碳汇纳入碳交易的可行性、填补天然次生林碳汇项目方法学的空白、探索将天保工程区的林业碳汇优先纳入全国碳市场交易等问题将成为未来的重要任务。

（5）科学减少估测不确定性是未来的重要任务。相较于以往的研究，本书在测算过程中采用的数据更多元、考虑的指标更具体，对于提高结果可靠性具有积极作用，但仍存在一定的不确定性。对于天保工程实施后，林下灌木林、森林粗木质残体、森林土壤理化性质等动态变化对森林碳库的影响暂未考虑。黄龙生等（2017）研究发现，天保工程能够有效增加森林的固土和保肥总量。通过天保工程的实施，极有可能增加研究区的森林土壤有机碳总量。另外，据郑树峰等（2021）研究发现，2000～2015年大兴安岭天保工程区新增的森林主要是由湿地和草地转化而来，分别占总转入面积的44.47%和30.13%。针对研究区而言，是否存在上述情况？如果存在如上所述的生态系统类型变化，研究区生态系统的碳汇/碳源特征是否发生重大变化？由于当前数据的可获得性和研究方法不完善等原因，本书未将上述因素纳入考虑范畴，相关工作将在后续工作中逐步开展。

（6）人为适度合理干预对森林固碳能力的影响。研究区天然乔木林平均碳密度总体高于人工林平均碳密度，这与李奇等（2018）等研究结果保持一致。但在幼龄林、成熟林中，研究区的人工林平均碳密度却高于天然林平均碳密度，这与Sharma等（2013）研究发现的即使天然林的龄级远小于人工林，其碳密度和固碳能力仍然高于人工林的研究结果有所出入，这主要是由于不同起源的林分其生长史和经营史存在不同。目前，研究区的天然林绝大部分属于天然次生林，萌生林木比例大，群落结构简单、森林质量不高，且缺乏长期有效的系统性经营。而研究区人工林则多采用经过人工选育的实生苗木进行栽培，且长期保持着有效的集约经营，导致林区出现部分龄组的人工林平均碳密度高于天然林平均碳密度的情况。对于不同林种在碳密度方面呈现的差异而言，母树林在调查设计、采伐限额审批、培育监管、内业档案管理等各环节均采取精细化的管理模式，这对于提升其固碳能力起到了积极作用。可见，从提升森林固碳增汇能力的视角出发，林区的森林经营管理不宜采取"一刀切"的模式。对于整体结构并未完全受损、自然更新能力依然保持在一定水平的林分，可以采取自然恢复为主的管理方式。然而，对于结构和功能严重退化、无法实现自我修复的林分，应该积极采取科学有效的人工干预措施。

（7）设立自然保护区对区域森林植被碳储量的影响。从空间分布来看，研究区不同区域森林植被碳储量差异悬殊，这主要是由各区域的森林植被分布面积和单位面积森林植被蓄积量差异造成的。在碳密度方面，国家级自然保护区的平均碳密度（45.12Mg/hm^2）整体高于各林业局的平均碳密度（38.05Mg/hm^2），平均碳密度排前五位皆为国家级自然保护区。黑龙江省大兴安岭重点国有林区长期作为木材生产基地进行开发建设，从当前碳储量最多的林种为一般用材林的情况也可反映出研究区的开发历史。相对而言，研究区开展自然保护区建设的时间并不长，成为国家级自然保护区的时间则更晚，如目前研究区碳密度最高和第二高的双河国家级自然保护区和绰纳河国家级自然保护区，均是2002年才启动建设的，并且分别于2008年和2012年经国务院批准晋升为国家级自然保护区。可见，虽然研究区开展自然保护区建设的时间较短，但自然保护区稳定的要素投入与科学的管理对提升林区森林植被固碳增汇能力的作用已经初步显现。此外，研究区也存在比较特殊的情况，盘中国家级自然保护区目前平均碳密度处于全林区最低，仅为22.11Mg/hm^2。究其原因，主要是由于该国家级自然保护区于1987年曾遭遇严重的森林大火（5·6大兴安岭特大森林火灾），原有森林植被损毁殆尽，当前森林群落主要是通过自然更新、萌生萌蘖产生的白桦天然次生林，面积占比高达44.17%，其低下的森林质量导致盘中国家级自然保护区平均碳密度偏低，这与屈红军和孙晓新（2021）在研究大兴安岭过火区主要森林类型碳储量时发现白桦次生林是其中碳密度最低的情况一致。整个自然保护区的乔木林幼龄林、中龄林面积占比高达92.98%，这也是导致其平均碳密度远低于其他区域的另一重要原因。可见，研究区森林植被一旦被严重破坏，其固碳增汇等生态服务功能的自我恢复将经历漫长的生态过程。

（8）森林植被碳储量计量结果的可靠性识别。上述研究结果显示，黑龙江省大兴安岭重点国有林区森林植被总碳储量为 $2.7246\times10^8\,Mg$，平均碳密度为 $39.46\,Mg/hm^2$。如果按照张春华等（2018）利用第八次全国森林资源连续清查数据对黑龙江省全省森林碳储量（833.99Tg）和森林碳密度（$41.90\,Mg/hm^2$）的研究结果进一步估算可知，黑龙江省大兴安岭重点国有林区森林碳储量约占黑龙江省全省森林碳储量的32.67%，这与同一调查监测体系下测算得到的黑龙江省大兴安岭重点国有林区森林蓄积量占黑龙江省全省森林蓄积量的比例非常接近（29.51%）；在平均碳密度方面，本书估测的黑龙江省大兴安岭重点国有林区平均碳密度略低于张春华等（2018）估测的黑龙江省平均碳密度，这与研究区单位面积蓄积量略低于黑龙江省全省单位面积蓄积量的实际状况保持一致，表明估算结果具有一定的科学性。不同学者对同一区域开展森林碳计量存在偏差，这可能与森林生态系统本身的复杂性，以及不同人为假设条件、计测方法、关键参数取值等因素有关。由上述因素导致计量结果出现一定差异属于正常现象（张煜星等，2021）。

（9）固碳潜力估测结果的不确定性和保守性。随着森林植被空间范围的进一步拓展，以及单位面积蓄积量的持续增长，估测研究区的森林植被总固碳潜力为 $1.9367\times10^8\,Mg$，即在现有碳储量的基础上保有70.08%的增长空间。总体来看，估测结果还存在一定的不确定性和保守性。在不确定性方面，研究过程中假设森林群落演替至能量输出入处于动态平衡时的顶级群落为理论最大碳储量，由于林区绝大部分森林为天然次生林，不同林分的受损退化程度及其所处的恢复重建阶段存在差异，不可能在同一时间节点同时正向演替至顶级状态。另一方面，虽然目前可供造林再造林的空间范围和面积数量基本清楚，但是对不同地块的具体安排和施工计划还存在较大的变数。此外，本书没有考虑土地利用和土地覆盖变化、区域环境变化（Fang et al., 2014）对生态系统碳循环和碳空间分布的影响。在保守性方面，由于林区全域在历史上皆遭受过长期的高强度采伐，当前无法在林区范围内找到真正典型的地带性顶级森林群落作为参考，对比历史资料可知，本书基于当前林分筛选的成熟林在林分蓄积量等关键指标的数值方面依然低于历史水平，可推测出林区森林植被的固碳潜力可能更大。同时，结合刘迎春等（2015）对我国温带针叶林生态区的森林碳容量研究结果，以及张颖等（2022）对未来中国森林平均碳密度的研究结果来看，本书对研究区森林植被的固碳潜力的估测值是相对保守的。

（10）提高研究区固碳增汇能力的主要途径研判。研究结果显示，研究区森林增汇的主要贡献源于对现存森林质量的有效提升，基于研究区天然次生林面积分布广、中幼龄林占比高、固碳增汇潜力大的实际状况以及《东北森林带生态保护和修复重大工程建设规划（2021—2035年）》和《大兴安岭林业集团公司森林经营规划（2016—2050年）》中涉及的研究区重点任务谋划情况，未来有必要加强天然次生林生态系统功能恢复与森林质量精准提升的理论研究，进一步揭示森林生态系统在固碳增汇、物种保育等多重功能之间的权衡机理及其对不同森林经营措施的需求和响应机制，研发以地带性顶级群落为目标导向的基于林分退化程度和演替阶段的多功能经营技术体系，提高森林生态系统碳汇能力。同时，加快完善林区基础设施，提高现代化装备、设备的配置与应用，提升森林防灭火和有害生物防治能力，减少森林碳库无序损耗。此外，创新森林植被固碳增汇管理机制，主动参与全国碳市场建设，有序推动林区林业碳汇项目开发与交易。

第七章 黑龙江省大兴安岭重点国有林区高质量发展问题全面诊断与深度剖析

依托天然林资源保护工程等林业重大生态工程以及国有林区改革等重大政策的实施，黑龙江省大兴安岭重点国有林区长久以来累积的生态退化、经济危困、生产管理方式与发展新定位不匹配等问题均得到了明显改善，在探索实践过程中形成了一批优良的典型模式和做法。然而，研究区历史遗留问题多且复杂，在转型发展过程中又叠加了新的发展问题，导致研究区在当前依然存在诸多问题与挑战亟须解决。本章首先系统梳理总结了黑龙江省大兴安岭重点国有林区的改革发展措施及主要成就，其次就当前存在的问题进行了全面诊断和深度剖析，最后从国家发展、区域发展、行业发展等多维视角分析了新时期国有林区高质量发展面临的机遇。

第一节 改革发展措施及主要成就

一、林草资源和环境状况得到有效改善

（一）天然林资源休养生息成效显著

天然林资源是黑龙江省大兴安岭重点国有林区森林资源的绝对主体，其天然林面积占森林总面积的比例高达 97.42%。研究区长期作为木材生产基地，肩负着为全国提供木材及其林副产品的重任。为减轻对天然林资源的采收强度，研究区逐渐调减了木材产量，尤其是天然林保护工程启动以后，木材产量得以大幅调减。研究区木材产量高峰值曾达到 638.70 万 m^3（1989 年），至天然林保护工程实施前夕（1997 年）仍维持在 350.40 万 m^3 的较高水平。到"十一五"期间

(2006~2010年)，研究区木材产量已减至214.40万 m³。2013年，研究区木材产量更是减至56.50万 m³，已不足高峰时期产量的十分之一。2014年4月1日，研究区全面停止了对天然林的商业性采伐。与此同时，为了弥补由于天然林停伐造成的经营性收入减少的缺口，中央财政安排了停伐补助资金，并将用于森林营造、管护和抚育的中央财政资金投入逐步制度化，如天保工程资金发展为中央财政林业补助资金。天然林资源得到了有效保护，森林蓄积量和生长量均呈现明显增加趋势。

（二）湿地保护修复跨入新阶段

研究区成功举办了"中国图强湿地论坛"，并列入《湿地公约》第十四届缔约方大会组委会遴选的20个东道国重要边会活动之一。九曲十八湾、双河源两处湿地纳入国际重要湿地名录。同时，开展了二轮森林和湿地生态产品评估及绿色价值核算，最新评估结果显示研究区森林和湿地生态系统服务功能总价值量达7975.03亿元/a。截至2020年，受保护自然湿地面积增加到71.39万 hm²，湿地保有量为153.02万 hm²，湿地保护率提高到46.67%。

（三）生物多样性保护取得阶段性成效

积极开展野生动物保护专项行动，构建生态廊道建设，严厉打击破坏野生动植物行为，野生动植物保护力度得到显著加强。在此基础上，完成大兴安岭陆生野生动物资源常规调查工作，发现新增分布鸟类30多种。与此同时，生态保护体系逐步完善，截至2020年末，林区自然保护区增加到31处，大力实施湿地保护与修复工程等，自然湿地保护率得到有效提升。此外，编制完成了《大兴安岭国家公园创建方案》，并将国家级自然保护区全部纳入全国林草系统生物多样性监测平台，进一步推动了生物多样性保护科学化、系统化进程。

二、产业转型发展与升级所有成效

（一）积极培育壮大林区特色产业

近年来，研究区相继出台了《绿色产业五大发展规划》《大兴安岭地区全域旅游发展规划》等规划，并积极落实《大兴安岭地区绿色矿业推进方案》，大力发展接续替代产业。与此同时，创新"企业+林场+基地"的发展模式，重点推进食用菌有机基地、绿色食品基地建设，打造"森林药材"品牌，逐步形成以中药材、浆果（坚果）、食用菌、森林养殖等特色产业以及森林文化旅游、绿色矿业等为主的绿色产业体系。森林食品涵盖食用菌、浆坚果、山野菜等10个系列近200款产品。建成全国森林康养基地试点建设单位10个，中国森林康养人家10个，全国生态露营基地试点建设单位3个，A级景区22个（4A级景区2个、3A级19个、2A级1个）。2020年，实现林业产业总产值53.4亿元。

（二）努力推动森林碳汇价值实现

黑龙江省大兴安岭重点国有林区积极拓展生态产品价值实现路径，发挥森林生态系统碳汇供给能力优势，抢抓碳市场政策机遇，超前谋划林业碳汇项目建设，自上而下成立两级碳汇工作专班，制定下发了《关于加快推进林业碳汇项目建设工作的通知》，完成了10个林业局森林经营碳汇项目设计文件的编制。图强林业局成功入选全国首批国有林场森林碳汇试点建设单位、十八站小根河林场成功入选省级碳汇试点单位。全国已审定公示的83个林业碳汇项目中，大兴安岭林业集团公司占有4个；已备案的15个林业碳汇项目中，大兴安岭林业集团公司占有2个。

三、生态惠民效益日益显著

（一）职工收入水平持续提升

截至2020年末，林业局职工全面享受住房公积金政策，医疗、养老保险实现全覆盖，林业在岗职工年平均工资为43 371元，是2000年在岗职工年平均（5301元）的8.2倍（图7-1）。尤其是2010年以后，林业在岗职工年平均工资增幅进一步加快，职工福利待遇明显提升。研究区在岗职工年平均工资占同期黑龙江省、全国城镇非私营单位就业人员年平均工资的比例呈现逐步上升的态势。2010年，研究区在岗职工年平均工资仅为黑龙江省、全国城镇非私营单位就业人员年平均工资的55.34%和44.10%。至2019年，该比例已分别上升为69.51%和52.55%。

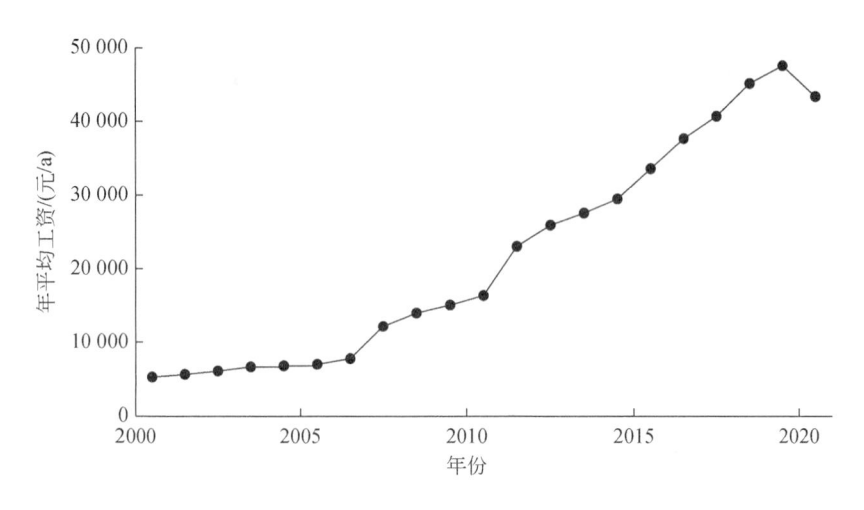

图 7-1　黑龙江省大兴安岭重点国有林区在岗职工年平均工资（2000~2020 年）

（二）林区人居环境持续改善

研究区不断加强城镇化基础设施建设，完善城市服务功能，实施林场环境整治项目，开展路面硬化、绿化、垃圾间、化粪池、路灯、文化长廊、给排水等建设，购置生活垃圾收集车、吸污车、水净化等设备，改善林区职工工作生活条件和环境，切实提高林区职工的生产生活质量。同时，积极争取将林区发展纳入当地国民经济和社会发展总体规划，林地有机融合发展逐步加深。在此基础上，充分创新利用旧场址，实施翻新改造和升级，建设多个多功能森林文化展馆和森林文化型体验场所，将林场城区建设与森林文化结合起来，不断繁荣林区森林文化。此外，通过实现"一局一品牌、一场一特色"的个性化、差异化发展，塑造林场特色品牌，打造丰富多彩的林区特有名片。

四、国有林区改革取得里程碑式进展

（一）林区改革主体任务基本完成

自中共中央、国务院印发《国有林区改革指导意见》以来，大兴安岭林业集团公司先后印发了《大兴安岭重点国有林区改革总体方案》《大兴安岭林业集团公司政府行政职能移交和办社会职能改革方案》《大兴安岭林业集团公司重组方案》等重要文件，着力推动改革任务顺利进行。截至2020年底，总部机构压缩至22个，林业局机构调整为18个，结束了56年政企合一的管理体制，全面完成了公检法、教育、卫生等职能移交，实现了政府行政职能的基本剥离。同时社区、消防、部分"三供一业"职能根据实际需求移交属地政府，表明重构政府基本医疗体系和职业学院、技师学院、农林科学院、报社等改革任务顺利完成。此外，停伐政策全面落实后，通过合理调整区划和创新体制机制，将林场管护单位由71个调整为100个，管护成效进一步提升，森林资源监管得到全面加强。

（二）现代企业治理体系建设拉开序幕

通过制定大兴安岭林业集团公司章程、党委会等议事规则及经营管理、人事、财务等方面的各项管理制度，初步形成了改制后现代企业"1+N"（章程+配套制度）的制度体系，并制定出台了《大兴安岭林业集团公司规章制度管理办法》。同时，通过不断强化内部运行流程控制，制定了《大兴安岭林业集团公司全口径计划管理若干意见》，实现了对大兴安岭林业集团公司各类资源的专业管理、集中管理，并通过印发《关于建立集团所属企业经营运行分析制度的通知》，对企业资产、负债等关键绩效目标进行了量化管理。此外，通过强化纪检、审计及法律、财务和安全生产等部门的监督职责，实行风险管控和审计监督全覆盖，使企业内部监督体系得到逐步完善。通过推进重大事项事前决策、事中实施、事后评估的全流程合规控制，强化了对法律风险的全方位防范和动态化监控。

（三）林草资源保护利用与监督管理机制逐步健全

为实现林草资源的科学高效管理，黑龙江省大兴安岭重点国有林区实行企业林长制，构建集团、林业局（自然保护区）、林场三级林长制组织管理体系，设立各级林长767名、督察长16名，并出台了林长制考核办法和相关管理制度7项。通过加强生态修复项目监督和指导，严格实行林业局产中技术员跟班作业质量监督制度，保证造林、退化林修复质量达到新的技术标准。通过建立完善生态修复全过程质量管理标准和评价体系，严格执行集团、林业局、林场三级验收制度，实行生态修复项目建设质量责任终身追究制，确保验收核查工作公平公正。严格执行林地保护利用规划，强化林地管制用途和林地定额管理制度，严格检查破坏林地、建设项目少批多占等违法占地行为。在全国第三次国土调查基础上，配合自然资源部门开展林地林木确权登记，完成了《关于黑龙江大兴安岭地区 11 个国务院确定的国家重点林区自然资源统一确权登记项目进展情况的报告》。通过组建管护总队、管护大队、管护中队三级管护组织机构，层层落实责任，实现了管护范围全覆盖。通过开展管护站标准化建设，以森林资源管理"一张图"为基础，利用 GPS 全球定位技术和 GIS 地理信息等技术手段，构建了全方位、"天空塔地"一体的森林管护网络。通过利用卫星遥感判读、直升机巡查、无人机和现地核查方式，形成了"天上看、地上巡、图上比"的"立体式"森林资源监管模式。

五、支撑保障能力有所提升

（一）基础设施建设进一步完善

实施国有林区社会性基础设施建设项目 13 个，切实解决林区就医、就学、饮水、行路等问题；落实防火应急道路 635.34km，建设管护用房 449 座，林区基础设施建设不断得到完善，为绿色发展提供了有力的支撑保障。

（二）森林灾害防灾减灾能力显著提升

通过建成森林防火一体化平台，林火预防、扑救、保障三大体系得到了进一步完善。在此基础上，初步形成了扑火队伍"五统一"标准化体系，组建成快速扑火突击队、索滑降小队、以水灭火中队、机械化中队四支"特种队伍"，同时组建无人机飞行大队，在国内率先完成了大型无人机（彩虹4）运行许可。通过实施国家林业和草原局"揭榜挂帅"——森林雷击火防控重大应急科技项目，在呼中林业局建成了国内首个雷击火综合试验基地，并积极开展等离子拒雷试验，使得试验区内落雷次数减少 84%。林业有害生物灾害监测预警体系、检疫御灾体系、防治减灾体系基本形成，林业有害生物"四率"指标全面完成，测报准确率达 97.89%，无公害防治率达 96%，种苗产地检疫率达 100%。

（三）科技创新发展取得了长足进步

初步形成了国家、集团、林业局三级稳定的科技创新投入机制。同时，出台了《关于深入实施科技创新驱动促进林区加快转型发展的意见》，实施了国家林业和草原局多类科技项目，与中国林业科学研究院、国家林业和草原局华东调查规划院等建立了产学研战略合作机制，完成了嫩江源森林生态系统国家定位观测研究站改扩建，并建成国家林业长期实验基地两个，产学研用协同创新水平得到显著提升。此外，通过制定完善生态修复技术标准体系，实现了生态修复标准体系从无到有的突破。

（四）人才队伍结构持续优化

通过实施"人才强企"发展战略，成立了人才工作领导小组，搭建人才培养平台，组建了前哨干部学院，与浙江省义乌市等先进地区（单位）签订了战略合作协议，东北林业大学第一批支林人员到岗工作。同时，制定出台了《大兴安岭林业集团公司干部挂职锻炼、跟班学习、援派工作管理办法（试行）》，选派干部到先进地区（单位）学习，组织职业技能培训。建立引人留人长效机制，出台了"绿色通道"引进人才服务保障相关政策，以解决留不住人的问题。此外，构建创新型人才队伍，出台《大兴安岭林业集团公司招聘工作人员管理办法和引进人才实施办法》，统计大兴安岭林业集团公司急需紧缺技术人才岗位并制定集团公司人才引进需求计划。目前，评选科技乡土专家73人，获聘国家林草乡土专家15名；职业技能型人才1217人，在聘860人；副高级以上专业技术人才321人，在聘226人；被评为绿色生态工匠、兴安工匠等32人；副处级以上管理人才303人，正科级优秀中青年后备人才68人。

（五）优质种苗供给水平逐步加强

加强国有保障性苗圃建设，苗木自给率已提升39个百分点。塔河母树林、翠峰林木良种基地通过省级审定，弥补了研究区无天然母树林良种的缺陷。通过增加西伯利亚红松和东北红松等果材兼用珍稀树种育种苗比例，扩大樟子松、云杉培育比例和数量，逐步改变了造林树种单一的被动局面。此外，通过引进推广轻基质容器育苗技术，实现了一年三季造林，为生态修复从一般性保护向提质增效转变、从单纯量的增长向基于碳汇储备转变提供了坚实保障，森林资源实现了质的稳步提升和量的合理增长。

（六）科普宣教作用更加凸显

强化文化引领，着力打造"嫩江源旅游文化景区""兴安冰雪乐园""百泉谷森林康养基地""前哨林场红色党性教育基地"等生态文化品牌24个。通过创新科普宣教形式，组织开展森林防火综合业务培训，其专业队伍的业务素质和管理能力均有所提升。联合教育部门通过开展林草科普研学游活动，以红色教育为主题的目标定位，将红色教育、林草科普宣教、爱国教育与旅游发展有机结合。此外，通过开通官方新媒体账号，强化线上线下结合，制作科普宣教、景区风光、自然资源、旅游动态等系列短视频，有效提升了职工群众林草生态科学文化素质。

第二节 问题全面诊断与深度剖析

一、在高质量转型发展方面存在基础薄弱和措施乏力

（一）林草生态系统质量和稳定性不高

由于长期过量采伐及森林火灾等因素，形成了大量天然次生林，中龄林和幼龄林占比较高，成熟林和过熟林比例较小，群落结构不稳定。单位面积森林蓄积量仅为 $87.20m^3/hm^2$，低于全国平均水平。林分结构较为单一，樟子松、落叶松、红松等珍贵树种和大径材储备不足。同时，区域内旱涝、火灾等自然灾害频发，涵养水源、水土保持、防风固沙、固碳释氧等生态功能降低，局部地区自然生态系统功能退化的趋势尚未根本扭转，自然恢复难度大。与欧美同类地区相比，林地生产力较低，林区南部林缘退缩，资源开发利用对林区森林、湿地等原生生态系统的破坏仍然存在，生态承载力低的问题十分严峻。此外，实施生态保护修复的治理措施、组织形式和投入机制依然较为单一，科学保护修复体系尚未真正建立，对于山水林田湖草一体化保护和系统治理理念的落实亟待进一步强化。

（二）苗木生产与营造林任务需求脱节

苗木培育通常需要 2~4 年，而当前研究区由于营造林相关规划及其任务下达形式缺乏与苗木生产的有效衔接、森林经营方案编制和落实处于起步阶段、缺乏有效监督评价等原因，苗木生产不能准确、合理的安排育苗种类与数量，出现

了育苗树种结构单一、苗木质量不高、苗木结构性不足或过剩等问题，无法满足营造林的需求，为后续开展高质量的多功能分类经营带来诸多隐患。

（三）中幼龄林抚育管理不能全面及时开展

根据黑龙江省大兴安岭重点国有林区森林资源统计表数据显示（2021年），研究区中幼龄林面积约为519.5万 hm^2，占有林地面积的比例超过四分之三（75.52%），经筛选发现适宜开展森林抚育作业的中幼龄林面积约为483.2万 hm^2。依据《大兴安岭森林抚育技术规程（LY/T 2593—2016）》中"幼中龄林抚育间隔期不低于5年（母树林除外）"，如按间隔期5年，每年需抚育中幼龄林面积共96.6万 hm^2；如按间隔期10年，每年需抚育中幼龄林面积共48.3万 hm^2。然而，由于抚育投入资金短缺等限制，目前研究区年均实际抚育面积仅为13.5万 hm^2，大面积中幼龄林未能及时得到抚育。

（四）退化林修复工作滞后较为严重

天然林保护工程实施以来，尤其是天然林保护工程二期实施期间，对可及范围内的林地采取了人工造林、补植补造等措施。然而，由于黑龙江省大兴安岭重点国有林区公路密度网低，营林道路质量差、路途远、苗木运输困难等原因，存在大量退化林无法开展合理经营，如郁闭度小于0.5、距离公路3km以外的不可及林分以及土层薄、人工更新困难较大的林分。部分退化林难以依靠自然修复实现林分质量的改善提升，或者必须经历长达上百年的时间才能扭转退化趋势，甚至可能朝着逆向演替的方向发展，这大大增加了今后开展退化林修复工作的难度。

（五）自然保护地体系和能力建设进展较缓

虽然大兴安岭国家公园已被列入《国家公园空间布局方案》，成为49个国家公园候选区之一，研究区也制定了《大兴安岭国家公园创建方案》，但是目前实质性的工作尚未展开，对标《国家公园设立规范》等要求还存在巨大的差距。研究区省级及以下自然保护区和国家湿地公园没有财政专项资金支持，导致现有自然保护地建设管理能力较弱，自然保护地应该具备的生物多样性保护、自然教育等功能不能得到充分发挥。

（六）接续替代产业发展面临多重困难

自2014年4月1日起，黑龙江省大兴安岭重点国有林区全面停止了天然林商业性采伐，传统林业产业陷入急剧萎缩的困境，经济增速放缓。受地域、资源、土地、资金、基础设施等多重影响，研究区接续替代产业整体呈现小、散、弱等特点，产业结构较为单一，产业竞争力不强。三次产业融合深度不够，原料生产、加工、销售等各个环节产业链联结不紧密，生产与市场对接不畅，品牌知名度不高，市场认可度较低，制约了产业转型升级。笃斯越橘、红豆、山野菜等野生资源采收率均不足30%，生产效率低，精深加工产品很少，产品附加值不高，企业没有定价权，抗风险能力差。林下经济只能满足自产自销或订单销售，产值普遍偏低，产品难以有效供给从而满足市场的批量需求。

（七）民生福祉保障水平还处于较低的水平

据统计，2021年大兴安岭林业集团公司在岗职工年平均工资为47 208元，仅为全国城镇非私营单位就业人员年平均工资的44.19%（106 837元）、黑龙江省城镇非私营单位就业人员年平均工资的58.74%（80 369元）。与吉林森工集团（57 185元）、长白山森工集团（65 065元）的对应值相比也存在不小的差距。研究区仍有部分富余人员有待消化或低效率消化，森林工业型企业早期一次性安置且还未退休的下岗职工、国有森林工业型企业在册不在岗职工等，由于学历水平低且年龄结构大，很难进入其他领域发展，面临生计转型困境。与此同时，林区职工既有的知识技能水平与新生产生活环境不相适应，新发展环境下出现的市场风险、技术风险、政策风险等有可能再度将林区职工家庭带入新的生计困境，目前还没有完善的风险保障机制用于防控和降低林区职工的生计风险。此外，在推进国有林区政企分开的过程中，与民生密切相关的供暖、供水、供电、物业管理（三供一业）等社会职能在移交过程中也面临着诸多现实问题，地方政府通过"三供一业"获得的服务收入远低于财政支出，为减轻亏损，剥离的职工工资由森林工业型企业按照原来标准继续承担，"三供一业"的职工工资未得到提升。再加上转型过渡期间存在权责不清、互相推诿责任等问题，林区职工切身利益保障面临风险。

二、在多元协调融合发展方面面临体制不顺和经验不足

（一）现代管理体制机制尚未健全

国有林区改革红利还未释放，历史遗留问题尚未彻底妥善解决，企业社会负担依然沉重。债务处置化解未完全到位，融资渠道窄，资金缺口大。现代企业制度还不够完善，企业治理结构不够合理，经营管理机制尚未根本转化。当初为适应森林采运工作和生活需要而布局的管理机构（林业局、林场、管护站）分布格局已不能适应森林旅游等接续替代产业发展的需要。

（二）自然保护地体系尚未理顺

目前，研究区共拥有20处国家级自然保护地（包含8处国家级自然保护区、9处国家湿地公园和3处国家级森林公园）。在国有林区改革前，7处国家级自然保护区、1处国家湿地公园和1处国家级森林公园已按照事业单位管理，并进行了事业单位法人登记年检。国有林区改革后，由于特殊体制，研究区生产经营主管单位无权设置事业单位，出现了管理体制不一、职工待遇不等、事业单位法人证书无法年检变更等问题。

（三）国有林草资源管理体制尚不明确

研究区在国有林地的使用上仍沿用以往做法，存在一些无序使用的现象。例如，将林地保护与林地利用作为截然对立的两面进行处理；林地被无偿使用或即使有偿使用但面临办法不清权责不明等情况；林地利用呈现破碎化，组织化程度不高，不能发挥规模效益，带动增收致富效益较弱。

（四）林地融合尚未探索出有效模式

黑龙江省大兴安岭重点国有林区政企合一时间长达56年，积累的问题复杂，且解决难度大，生态保护与经济社会发展的关系很难在较短时间理顺，部分区域属于林农交错地带，林情、区情、社情复杂，管理难度较大，改革进程的相对滞后导致在社会职能移交中矛盾更为突出。同时，林草发展由于自身具有的独特性和局限性，长期被置于行业投资和政策扶持的边缘地带。从户籍制度角度来看，

林区户口一般为城镇户口，并不享受惠农政策。从林业与农业关系来看，林业包含在广义农业范畴之内，地方在执行国家惠农政策时，涉林部分往往倾斜度和重视程度不够。当前，研究区经济社会发展还没有被充分纳入地方国民经济和社会发展总体规划及投资计划。

（五）基层基础能力建设滞后严重

黑龙江省大兴安岭重点国有林区现有 1.4 万 km 林业专用道路、1600 余座桥梁以及 2 万余道涵洞，平均道路网密度仅为 1.71m/hm^2，远低于黑龙江省平均道路网密度（3m/hm^2）和全国平均水平（5m/hm^2）。道路总量不足、等级不高、功能不全、布局不合理，停伐后原有道路、桥涵的维护缺少资金投入渠道，破损严重。供电、网络等设施和服务覆盖率低，还有 18 个林场没有通国电，林区内道路、防火支线等道路 4G 覆盖率低，大部分道路存在信号盲区，无法满足现代化林业建设的需求。部分林场基础生产设施陈旧失修，受资金限制大部分建筑自建设初期至今从未实施维修改造。各林业局及林场基础设施严重缺项，配套不全、功能不齐等问题逐渐显现。森林资源管护交通工具、办公设备、通信工具、巡护监控等必要设备装备严重匮乏和落后。虽然研究区的供电、管护房建设、饮水安全等基础设施已部分纳入相关领域规划，并提供了一定的项目资金扶持基础设施建设，但由于历史问题积压太深，部分资金不得已用于补齐历史"欠账"和发展所需，林区的基础设施专项资金仍然不足。

（六）防灭火水平有待进一步提升

研究区森林火灾易发高发，且森林高火险期与人类活动频繁期相叠加，严重威胁着森林生态安全。此外，研究区在以下几个方面存在不足。一是森林防灭火专业队伍力量严重不足。截至 2022 年底，研究区拥有防灭火专业队伍仅为 1158 人，人均承担森林防灭火任务达 0.7 万 hm^2，兵力部署严重吃紧；研究区无森林防火实训基地，无专业森林防火救火知识与技能培训的场所，严重制约了大兴安岭地区乃至东北地区森林防火人员技能水平的提高。二是智能化防火装备设备覆盖率不高。虽然研究区已经开展了森林防火感知系统建设，但受基础条件差、公网信号覆盖率低等条件制约，缺少"前端"技术和"后端"运算的支持，存在前端"感"的信息源太少、后端"知"的神经网络未完全搭建等问题，尚未形成一套完整的基础数据管理平台，距真正做到"智能感知"还有很大差距。

（七）人才支撑能力有待提高

研究区当前面临较为严峻的人才队伍问题，这是历史、政策、体制等多因素叠加积累出现的矛盾。由于年龄结构不合理造成退休潮、岗位调转、社会职能移交等原因，国有林区在岗人数总量快速下降，人才数量相对也有所下降，林区人才总量明显不足。因工作环境艰苦、工资待遇低于省内其他行业或南方地区、晋升困难等客观因素，再加上国有林区长期实行"只出不进"政策，各单位人才流失严重。值得注意的是，在流失的人才中，中高级职称人才、大学本科以上学历人才比例较大。一方面，这是由于具有高技能、高学历的人员较多供职于医疗、教育等系统，随着企业办社会职能的分离移交，这部分高技能、高学历人员的组织关系随之发生变更，客观产生了结构性的人才流失。另一方面，这部分人才在面对岗位变换、工作调整等机会时相对更具优势。同时，研究区还存在学历结构、职称结构、年龄结构、岗位结构不合理的现象。研究区技术人员中具有中级及以上职称人员占比仅为37.0%，尤其是正高级职称人员占比较低（图7-2）。研究区人员队伍的整体学历水平不高，本科及以上学历的人才比例仅为7.2%（图7-3）。森林管护人员年龄老化，技术人才青黄不接，后继无人现象严重，生态旅游、营销发展、林下经济等新兴业态人才极度缺乏。此外，人力资本投入不足，教育培训工作相对滞后，缺乏人才培训的长效机制、培训经费不足、培训内容缺乏新意、培训形式缺乏创新现象严重。

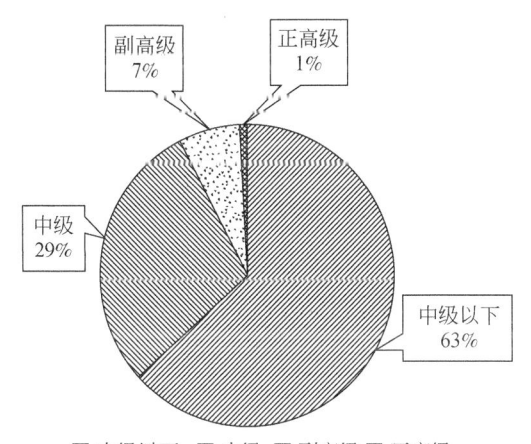

图 7-2 研究区技术人员职称比例图（2022 年底）

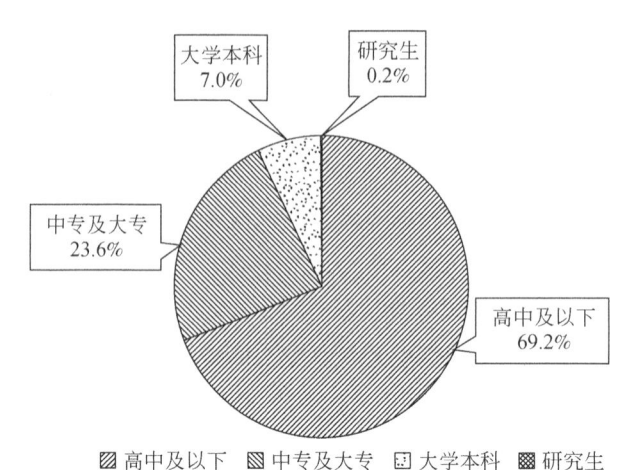

图 7-3　研究区职工学历比例图（2022 年底）

（八）科技创新能力较为薄弱

黑龙江省大兴安岭重点国有林区长期作为生产基地，工作任务的重点是木材及其林产品的生产，科技工作在日常事务中的任务占比很小。组织机构中设置独立的科技职能部门的基层单位少，仅有极少数的林业局设置了独立的科技职能部门，科技创新能力不强、科技含量不高；科技涉及范围窄，主要集中于引种、选育、驯化等科技成果的技术推广，而涉及森林可持续经营的研究，如天然林科学保育、天然次生林修复、退化林改培、森林防火、林草有害生物防治、天然湿地修复、自然保护地关键物种保护等自主研发类科技成果很少。在科技工作的监督考核管理过程中，很少将林草科技创新、投入以及科技成果转化率作为考核指标甚至是统计数据。尤其是在停止天然林商业性采伐政策实施以后，研究区林草主管部门自筹资金锐减，科技创新资金投入紧张的问题更加突出，不利于科技创新能力的提升。此外，研究区各基层单位在生产模式、管理方式等方面具有相似性，面临的挑战和问题也具有极大的相似性，但在实施科技开发和项目推广时又缺乏整体战略研究观念和统筹安排，资源共享和利益链接机制尚未建立，导致分散投资、重复投资的现象出现，致使有限的资金没有形成合力。

三、在生态产品价值实现方面缺乏有效的机制和路径

（一）森林碳汇潜力尚未得到充分释放

虽然研究区森林资源极为丰富，但森林质量整体不高，中幼龄林比例大，大径材比例小，杨桦等先锋树种占比较大，林分结构不稳定。在天然林保护修复制度、林木采伐限额制度等资源管理趋紧的制度背景下，部分低质低效天然林、退化天然林没有得到及时修复和改造，处于演替早期的天然次生林未能及时开展抚育经营。另外，研究区生态保护修复资金来源渠道单一且补贴标准低；受国有林区森林资源国有属性及自然资源资产化管理等制度不够健全等影响，社会资金、金融资本在进入国有林区时面临难度较大、门槛较高的问题，使得研究区原本就十分短缺的资金无法得到有效补充，现有投入无法支撑开展精准化、精细化的森林质量提升工作，直接影响森林固碳增汇能力的提高。

（二）林下生态产品资源培育与利用不足

研究区长期依赖木材采运与加工，对于林下经济等其他产业投入不足，林下种植业、养殖业及自然景观并没有得到充分利用，未能培育和开发出优质的林下生态产品。目前，林区的主要收益来源依然是原料销售和初加工产品，缺少科技含量高、附加值高的精深加工产品，林下经济生态产品培育和利用水平较为有限，产品生产规模及溢价效益不强。

（三）价值实现的硬软条件缺失较为严重

根据大兴安岭林业集团公司开展的生态系统服务功能价值评估核算结果显示，黑龙江省大兴安岭森林和湿地等重要生态系统服务功能总价值量为7828.89亿元/a。其中，森林生态系统服务功能价值量为5993.23亿元/a，湿地生态系统服务功能价值量为1835.66亿元/a。然而，生态产品价值实现面临诸多困难。首先，资源归属问题，一些无形的生态产品存在"归谁有""归谁管""归谁用"等问题，缺乏生态产品价值实现利益共享机制，开展标准化、常态化的生态产品权属交易的条件尚不充分。其次，生态补偿的长效机制尚未建立，一些新兴且颇具前景的森林生态产品价值实现模式，因缺少法律和政策支撑而难以

落地实施。此外,如森林康养、森林研学、自然教育等新兴服务产业近年来有所发展,但产业基础条件还不稳固,服务水平参差不齐,公众认知和参与程度仍然不足,市场尚需进一步培育壮大。

(四)优质林产品的价值未能充分体现

黑龙江省大兴安岭重点国有林区特色林产品资源丰富,有偃松等药食兼用资源,有红松等果材兼用树种,有兴安独活等山野菜,有蓝靛果、笃斯越橘等野生浆果,有森林鸡、森林猪等特色养殖产品,其产品品质普遍较高,具有绿色、生态等特点。然而,由于产业化程度低、规模效应不足、产品开发营销缺乏有效投入和手段,再加上区位偏远,物流运输成本较高,经营者普遍缺乏有效的市场渠道和营销手段,现代商业运营思维与知识产权保护意识不强,研究区的特色林产品的附加值始终未能实现,规模效益和品牌溢价未能得到充分体现,容易受到市场上"劣币驱逐良币"现象的冲击,好产品卖不出好价格。

第三节　新时期研究区高质量发展面临的机遇

一、生态文明建设被提到前所未有的高度

(一)"五位一体"总体布局正在全面统筹深入推进

习近平总书记多次强调,保护生态就是发展生产力,绿水青山就是金山银山,生态就是我们的资源和财富。环境保护和经济发展是辩证统一、相辅相成的。党的十八大已将生态文明建设纳入中国特色社会主义事业总体布局,正式形成"五位一体"总体布局,带动中国式现代化全面发展、全面进步。通过一系列综合措施,我国生态文明建设取得了显著成就,生态文明建设实现了由重点整治到系统治理的重大转变、由被动应对到主动作为的重大转变、由全球环境治理参与者到引领者的重大转变、由实践探索到科学理论指导的重大转变。发展林草事业是生态文明建设的主要内容和重要举措,而国有林区正是林草事业建设的重要阵地。生态文明建设的重大转变为黑龙江省大兴安岭重点国有林区高质量转型发展提供了根本遵循和更高要求。

（二）人民群众对美好生活的需要日益增长

我国社会主要矛盾已经转化为人民日益增长的美好生活需要和不平衡不充分的发展之间的矛盾。一方面，人民群众的需求层次开始升级，消费结构开始优化，对清新空气、清澈水质、清洁环境等生态产品的期望越来越高；另一方面，随着经济和社会发展的持续推进，地区和城乡发展不平衡不充分的问题日益凸显，成为民生福祉持续提升的瓶颈；同时，生态问题是制约我国全面发展的突出问题，生态产品也是全社会最短缺的产品之一。森林和草原对国家生态安全具有基础性、战略性作用，更是供给优质生态环境和生态产品的重要领域。黑龙江省大兴安岭重点国有林区是我国北疆重要生态屏障和林产品及林副产品的重要供给基地，生态区位和战略地位非常重要。面对新的社会矛盾以及国有林区在国民经济社会发展中的作用，需要国有林区加快转型发展步伐，持续深化供给侧结构性改革，不断提升产业价值链，积极发展新产业新业态，丰富生态产品供给，为社会提供绿色化、高端化、多样化的产品，以满足人民群众的多样化需求和日益增长的美好生活需要，同时为我国木材安全、生态安全等提供基本保障。

二、国家重大战略与相关利好政策相继出台

（一）国家重大战略的实施带来了新机遇

以习近平同志为核心的党中央高度重视东北振兴，多次赴东北地区考察、多次召开专题座谈会，对东北全面振兴作出系列重要讲话和指示批示。2021年10月，国家发展和改革委员会印发的《东北全面振兴"十四五"实施方案》明确提出，"深化国资国企改革，完善中国特色现代企业制度和市场化经营机制""推动产业结构调整升级，改造升级传统优势产业，培育壮大新兴产业""筑牢祖国北疆生态安全屏障"，为新时代推进国有林区生态振兴指明了方向。此外，乡村振兴作为国家重要战略，为林草行业发展带来了新机遇。林草业是推动实现产业兴旺、生活富裕的重要途径，是推动实现生态宜居、乡村美丽的重要保障，是推动实现乡风文明、治理有效的重要载体。国有林区是经济社会发展的一个重要板块，推进乡村振兴也是国有林区的一项艰巨任务，国有林区的乡村振兴建设直接关系大局，促使人们将国有林区纳入乡村振兴战略进行整体考虑。

(二) 全面推行林长制为研究区林草资源保护利用提供了新机制

全面推行林长制是党中央、国务院立足生态文明建设全局作出的重要制度安排，进一步夯实了林业草原发展的制度基础，有利于压实地方各级党委和政府保护发展林草资源的主体责任，有利于推动构建党政同责、属地负责、部门协同、源头治理、全域覆盖的长效机制，有利于推动林草生态文明建设迈上新台阶。林草资源保护修复与合理利用是国有林区的主责主业，林长制为国有林区创新林草资源管理模式、压实林草资源监管责任、拓展林草资源开发利用方式提供了新的机制和途径。

(三) 系列宏观政策出台为研究区发展提供了新保障

"十四五"以来，国家相关部门相继印发了《大小兴安岭林区生态保护与经济转型规划（2021—2035年）》《东北森林带生态保护和修复重大工程建设规划（2021—2035年）》等重要规划，积极推进《全国天然林保护修复中长期规划（2022—2035年）》等编制，全国森林可持续经营试点、全国林业碳汇试点等均在研究区有所布局，将有利于引导人力、资金等发展要素向研究区流动，为研究区进一步加快转型发展提供更坚实的保障。

三、发挥林草在应对气候变化中的作用成为社会共识

(一) 完成国家自主贡献需要研究区承担更多责任

《巴黎协定》第5条明确提出，森林是气候解决方案的一个重要组成部分，通过对森林、草原、湿地等生态系统的保护、修复和可持续管理来减缓气候变化，有助于《巴黎协定》减排目标的实现，是具有保护生物多样性、促进可持续发展等多重效益的解决方案。2020年12月12日，国家主席习近平在气候雄心峰会上发出宣言，到2030年，中国森林蓄积量将比2005年增加60亿 m^3。伴随着大规模国土绿化行动的持续实施，我国可造林空间不断减少，剩余造林空间多为困难立地，造林成本高、成林难度大。为落实国家自主贡献，未来我国持续提高森林蓄积量的关键方向在于着力提高存量森林的质量和稳定性。国有林区在开展森林经营方面具有森林资源本底相对较好、资源集中连片、林业职工经验丰

富、涉林补贴投入相对稳定等优势，包括研究区在内的国有林区必将承担起完成国家自主贡献的重要责任。

(二) 林草在助力"双碳"目标实现中起着重要作用

我国已经把碳达峰碳中和纳入生态文明发展战略的高度，制定了一系列的行动计划，以推动"双碳"目标落实。"十四五"时期，我国生态文明建设进入以降碳为重点战略方向、推动减污降碳协同增效、促进经济社会发展全面绿色转型、实现生态环境质量改善由量变到质变的关键时期。我国提出"双碳"目标，将使碳减排迎来历史性转折，这也是促进我国能源及相关工业升级、深度调整产业结构、实现国家经济长期健康可持续发展的必然选择。林草在碳汇方面发挥着越来越大的效能，国家将在抚育补贴资金和补贴标准方面提高标准，伴随着森林质量不断提升和对存量森林的抚育和管理，重点国有林区作为林草碳汇的主要供给方将迎来更大的发展。

第八章 黑龙江省大兴安岭重点国有林区高质量发展对策建议

推动实现高质量发展是黑龙江省大兴安岭重点国有林区转型发展的战略导向。当前,虽然国有林区转型发展的积极因素不断增多、动能持续增强,但国有林区转型发展持续向好的趋势仍面临诸多挑战,外部环境的复杂性、严峻性、不确定性明显上升。要客观认识到高质量发展的长期性、艰巨性,持续巩固和增强向好的态势,正确处理好高质量发展和高水平保护、重点攻坚和协同增效、外部约束和内生动力等多对关系,持之以恒地推进研究区高质量发展。本章立足黑龙江省大兴安岭重点国有林区基本现状与战略需求,基于资源保育、产业发展、企业管理、民生福祉和支撑保障五大系统及其相互作用关系,提出了黑龙江省大兴安岭重点国有林区高质量发展对策建议,以期为研究区林草主管部门和林草资源经营管理执行单位提供决策参考。

第一节 着力提升生态系统多样性稳定性持续性,夯实高质量发展资源本底

一、加强森林生态系统保护与修复

(一)全面保护天然林

把全面保护天然林作为大兴安岭林业集团公司的核心业务和中心工作。科学确定天然林保护重点区域,落实分区施策,严格保护寒温带天然针叶林、针阔混交林。根据天然林发育阶段、生态特征和人为干扰,科学开展修复性经营和森林抚育,加快恢复地带性顶级森林群落。同时,建设天然林草资源督查管理、调查

监测、林火和有害生物防控等多功能于一体的生态感知体系，通过数据集成分析和综合应用，实现大兴安岭林草资源管理"一张图""一套数"。

（二）强化林地保护与修复

继续以林地管理为核心，严格林地用途管制，加强林地监测和保护管理，常态化开展专项行动和督查工作。严格工程项目使用林地审核审批，实现林地林权档案管理标准化、林地审核审批管理信息化。严禁未批先占、少批多占等违法占地行为。持续推进已垦林地清退和矿区生态修复，修复退化的森林生态系统，恢复和提升生态系统固碳释氧、涵养水源、调节气候、物种保护等生态功能。

二、提高森林经营效率和森林质量

（一）精准提升森林质量

1. 森林抚育提质

对亟待抚育的天然中幼龄林，通过积极有效的抚育措施，调整森林林分组成、年龄结构和空间结构，改善林木生长环境，促进林木生长，提高森林质量和抵御自然灾害的能力，缩短培育周期，促进森林向地带性顶级群落演替，培育健康稳定、功能健全的森林生态系统。

2. 退化林修复

调查摸清林区低产林分布、数量、现状等基本情况，结合各林业局实际制订改造培育实施方案，把建设任务落实到山头地块。采取更替改造、封育改造、效应带改造、调整树种改造等多种方式融合作业，积极探索创新低产林改造模式。坚持造管结合，全面加强改造培育后续管护，示范推广一批可复制、能借鉴的典型经验。

3. 后备资源培育

实施人工造林质量精准提升工程，在风景林建设、宜林空地新造林、低密度林分补植补造以及在母树可及范围内的稀疏林地采用人工促进天然更新的方式，科学开展红松果材兼用林培育，栽植东北红松、西伯利亚红松等珍贵树种，增加珍贵树种比例，培养高价值精品林。坚持人工造林近自然经营，逐步引导人工林向地带性顶级寒温带针叶林正向演替，恢复和提高林地生产力，构建健康稳定的森林生态系统，修复和增强森林生态功能。

4. 加强施业区作业管理

落实天然林停伐政策，严格执行"十四五"期间年森林采伐限额，确保森林采伐不突破限额。更新升级各林业局森调队老旧设备，加强调查设计人员培训管理，提高森调队伍能力建设，不断提高三类调查设计质量。严格伐区拨交管理，加大伐区检查验收力度，提高伐区作业质量；做好人工（更新）造林新成林回收工作。

5. 加大生态修复基础能力建设

积极争取项目资金用于营林道路、配备交通工具、精准定位设备设施建设。解决营林道路质量差、生产作业路途远、苗木运输困难等问题，更新升级生态修复管理内、外业老旧设备，购置高精度 CPS、手持机，严格落实国家林业和草原局要求，完成营林生产作业地块精准上图，保障营林生产作业质量。

（二）推动林木种苗高质量发展

1. 林木种质资源调查与保存

开展大兴安岭寒温带林草种质资源专项普查，建设全区林木种质资源数据库，动态监测区内林木种质资源消长情况，定期更新及提供可供利用的林木种质资源信息。收集保存大兴安岭地区樟子松、红皮云杉、鱼鳞云杉、偃松、西伯利亚红松、白桦、山杨、甜杨、钻天柳、蒙古栎、黄檗、紫椴、水曲柳、蓝靛果忍冬、笃斯越橘、榛等本土优良品种品系，收集、保存引进东北红松等外来树种的优良品系，建设大兴安岭寒温带林木种质资源库、寒温带种子基因库、实验室及展示厅。

2. 林木良种选育

以现有的林木良种基地为依托，以原有的落叶松、樟子松两大树种为基础，进行落叶松、樟子松全同胞子代测定，为建立落叶松 2.0 代种子园、樟子松 2.0 代种子园高世代良种基地奠定基础。在林木良种选育结构上以白桦强化育种园为基础，开展白桦杂交育种育苗研究，以满足生态建设对林木良种的大量、多元化的需求。

3. 林木种苗生产基地建设

新建和改扩建国家重点林木良种基地，推进林木种子生产的现代化、基地化、质量标准化和造林良种化进程，积极推广轻基质育苗技术，缩短育苗周期，提高育苗质量，提升经营管理水平。提高种子园、采穗圃产能，提高林木良种生产能力。根据林业重点工程和各地苗木实际需求，以繁育林木良种苗木、生态林苗木和珍贵树种苗木为中心任务，选择现有基础条件好、技术力量强的国有苗圃为保障性苗圃，改善基础设施设备条件，大力推广使用林木良种、应用先进育苗技术，提高良种壮苗生产供应能力和水平。

(三) 推进国家储备林建设

1. 建设国家储备林基地

选择立地条件优质的林地和乡土珍贵树种，以混交林的方式科学营造国家储备林。选择落叶松、樟子松的中龄林、近熟林、成熟林等有培育前途的林分，通过集约经营措施，提高林分的质量，达到国家储备林的建设目标。建设种子园、采种基地、苗圃等苗木培养基地，保障国家储备林建设种苗供给需求。建立健全国家储备林的中长期监测和灾害防控体系。依托科研院所，积极推广先进适用的科技成果，尤其是珍贵树种容器苗的推广使用，提高国家储备林建设的科技支撑能力。加强基础设施建设和档案管理，建立项目管理信息系统，实现国家储备林的管理信息化。

2. 探索国家储备林投融资体系

研究探索国有林区国家储备林投融资、企业自主经营等融资新模式，拓展多元化融资渠道，引入多样化融资工具，进一步建立和完善国家储备林金融服务市场；积极创新国家储备林建设融资机制，吸引社保基金、养老基金、商业银行、证券公司、保险公司等各类机构投资者参与国家储备林项目建设，逐渐形成多元化的市场融资结构。积极向国家争取将储备林金融贷款投向林业生态保护修复、绿色产业、基础设施等领域，有效缓解林业融资难、融资贵、融资短这一突出问题，打造新时代绿色金融支持林业发展的成功范例。

三、加强湿地与草地生态系统保护与修复

(一) 湿地保护与恢复

建立由湿地自然保护区、湿地公园、小微湿地和生态廊道构成的湿地及其生

物多样性保护体系，推进湿地分级管理、范围优化和落界定标，重点完善湿地自然保护地相关基础设施。采取有效措施，科学修复湿地内历史遗留下来的砂金开采矿区和非基本农田属性的耕地，通过开展地形地貌重塑、生态植被重建，促进受采金矿体和耕地所破坏的湿地生态系统的结构和功能恢复，重现大兴安岭林区植被繁茂、水路畅通、功能完善的林间湿地生态系统。

（二）湿地监测与宣教体系建设

建设大兴安岭湿地监测中心，并配备必要的监测、通信与信息处理设备，在国家级湿地保护区、省级湿地保护区以及国家重要湿地内，建立湿地监测点和湿地管理站，形成大兴安岭林区完善的湿地监测体系。依托大兴安岭林区现有湿地类型自然保护地丰富的自然资源，统筹规划，合理布局，打造湿地科普教育平台，建设和完善湿地宣教中心、湿地博物馆和科普宣教基地的基础设施，配备科普宣教设施和设备，加强科普技术人员培训，增强湿地科普宣教能力，构建健全高效的湿地宣教体系。

（三）草地生态系统保护与修复

调查监测草地资源规模、分布和生态系统质量，建立草地资源数据库。研究制订草地资源保护管理、开发利用、监督检查等有关措施和制度，加强草地生态系统保护与退化草地恢复，完善草地资源监督管理，逐步形成物种丰富、功能完善、健康稳定的草地生态系统。

四、加强生物多样性资源保护

（一）生物多样性资源本底调查

依据林区森林、湿地、草原等植被分布特征，制定科学的生物多样性调查方案，开展野生林下可采集利用资源、野生植物、野生脊椎动物、昆虫、大型真菌等专项调查和草原资源普查，摸清大兴安岭林区的生物多样性资源本底，建立大兴安岭林区生物多样性资源本底数据库，出版大兴安岭林区生物多样性资源保护与可持续利用系列丛书。

(二) 生物多样性资源监测体系建设

在生物多样性资源本底调查基础上，结合现有生态定位站，在各个林业局补充建立生态定位监测点，建立植被和植物的中长期固定样地、大样地监测系统以及野生动物高清摄像、红外相机24h全天候视频监测系统，形成完整的生物多样性资源监测体系。重点监测植被、野生动植物及其生境因子，构建大兴安岭林区生物多样性监测数据管理系统。结合管护员巡护管理系统建设，将生物多样性监测数据、日常巡护数据与气象因子数据有机集成，以三维一体化地理信息系统为平台，实现生物多样性监测数据的"一张图"动态监管与展示，实现林区智慧化的生物多样性监测。

(三) 疫源疫病监测防控

推进疫源疫病监测站点建设，配备完善的专业设施设备。在候鸟等野生动物主要分布区、繁殖栖息地、迁飞停歇地、迁飞通道、集群活动区以及野生动物驯养繁殖场所等区域，定期开展疫源疫病专项监测。通过招聘疫源疫病防控专业人才和组织现有人员参加国家和地方的野生动物疫源疫病监测防控培训，组建疫源疫病专业监测防控队伍。

(四) 珍稀濒危野生动植物保护

在全面调查和连续监测的基础上，摸清野生动植物资源本底情况，稳步推进重要栖息地保护、修复和生态廊道建设。建立濒危野生动植物救护中心和繁育基地，根据野生植物野外种群和个体的生存状况，有针对性地提出保护和拯救措施。建立健全野生动植物保护管理与监督检查体系，拟定并动态调整大兴安岭林业集团公司重点和一般保护的野生林卜资源保护名录，严厉打击破坏野生动植物资源行为。加强对古树名木的调查监测、保护宣传和保育技术推广，广泛普及保护知识，不断提高保护和管理水平。

五、完善自然保护地体系建设

(一) 推进大兴安岭国家公园建设

开展大兴安岭国家公园设立前期研究，完成科学考察、符合性认定和社会影响评估，形成设立方案，以现有自然保护区为基础，结合森林公园、湿地公园和生态廊道建设，整合具有国家代表性的大兴安岭寒温带针叶林和温带针阔混交林为主的森林、湿地生态系统，设立大兴安岭国家公园。编制实施《大兴安岭国家公园总体规划》，积极探索分区布局、规章制度、机构设置、资金保障、生态补偿、社会参与等管理体系建设，探索国家公园和大兴安岭林业集团公司在管理体制上的有机结合，树牢自然保护地作为大兴安岭林业集团公司生态建设鲜明亮点的品牌形象，实现生态功能的最大化。

（二）优化自然保护地体系

全面开展各级各类自然保护地的资源本底调查和监测，更新科学考察报告，明确区内各级各类自然保护地功能定位，确定各处自然保护地的保护主体。完成自然保护地整合、归并、优化、晋升，完善自然保护地体系的管理和监督制度，开展"绿盾"自然保护地监督检查专项行动，提升自然生态空间承载力，形成以国家公园为主体的自然保护地体系。建立大兴安岭自然保护地信息管理中心，促进大兴安岭国家公园、自然保护区、自然公园的交流与合作，形成自然保护合力，提升大兴安岭林区的自然保护成效。

（三）加强保护地基础设施和能力建设

在构筑大兴安岭寒温带生态保护地群、形成完整的自然保护地体系的基础上，开展自然保护地标准化、规范化、信息化建设。积极争取自然保护地能力建设补助资金，不断加强自然保护地科研监测中心、访客中心、管理站、管护点、瞭望塔、巡护道路、桥涵、森林防火等基础设施建设，加强植被固定监测样地、野生动植物监测样线、生态因子监测站、红外相机监测网络建设，提高保护、巡护、监测、科研与宣教等能力。建设自然保护地综合信息管理平台，加强科学研究，强化科技创新，对标《关于建立以国家公园为主体的自然保护地体系的指导意见》，持续推进自然保护地的科学管理。

第二节　加快推进国有林区产业转型发展，激活高质量发展内生动力

一、聚焦特色优势重点产业

（一）着力发展中药材产业

充分利用大兴安岭林业集团公司作为全国中药材产业发展试点单位这一有利契机，落实《大兴安岭道地药材生态培育实施方案（2021—2025）》，加强道地药材、野生药材的保护和合理利用，坚持保护优先。建立中药材种质资源库，加强野生药材抚育和种子种苗繁育，联合科研院校开展寒温带道地药材种子种苗繁育关键技术研究，培育道地药材优质种子种苗。推动林草中药材生态培育基地试点建设，打造以加格达奇林业局、韩家园林业局、松岭林业局为核心的道地药材生态产业园，大力推进赤芍、五味子、黄芪、苍术、白鲜、金莲花等北方道地中药材的栽培、引种、采集，适度扩大中药材种植规模，逐步增加有机中药材种植面积，开展北药栽培技术推广和系列产品开发。开展重点品种有效成分、农残、药残等品质指标研究，建立健全中药材品种检验检测数据库。发挥专家在中药材产业技术研究、服务、指导和培训等方面的智力支持，为中药产业发展提供稳定的技术支撑。

（二）着力发展生态旅游和森林康养产业

加强顶层设计，对各林业局旅游资源进行整体规划，开展资源整合和精心包装，突出林区大森林、大湿地、大冰雪、大界江等旅游资源特色，提升人文资源与自然景观融合水平，完善旅游产品体系，打造"神州北极·大美兴安"国际化旅游品牌，提升景区景点吸引力。重点建设加格达奇-松岭-新林-呼中生态文化旅游带和韩家园-十八站-塔河-阿木尔-图强-漠河沿江民俗旅游带。打造高品质候鸟式森林康养基地，重点建设以图强、阿木尔、漠河为核心的北部康养基地和以加格达奇、松岭为核心的南部康养基地。加快林区医疗资源整合，完善康养服务设施，创新开发多样化森林康养产品。鼓励从事森林康养产

业的经营主体，依照国家康养基地建设标准申报创建国家森林康养基地。依托有条件的林场，通过改造利用闲置房屋等方式建设一批具有林区特色的精品民宿。加快推进露营地、森林步道、自然教育场馆等户外体验服务设施建设，精心设计和开发亲子游、研学游、自驾游等体验式旅游项目，加强设施设备安全管理。加大康养专业人才引进、培训的力度。加大宣传推介力度，构建新媒体矩阵，强化网红营销，打造线上线下融合模式。精准市场定位，积极开展靶向营销，持续开展蓝莓节、金莲花节等节庆营销以及森林穿越赛等赛事营销。积极参加高级别会议会展，有效提升"有方向的礼品——兴安游礼"系列品牌的知名度和美誉度。

（三）着力发展森林食品产业

依托林区优质丰富的森林资源，重点发展食用菌、山野菜和森林养殖产业，建设以十八站林业局、韩家园林业局为中心的绿色食品生态产业园。加大羊肚菌、毛尖蘑、大球盖菇、猴头菇、灵芝等中高端食用菌产品培育力度，研究探索伐区剩余物综合利用，保障木腐菌培养基料供给，逐步增加草腐菌养殖数量，研发即食食品和保健食品，加强有机食用菌基地建设。提高兴安独活、蒌蒿等野生山野菜资源利用率，强化野生采集与人工栽培有机结合。扶持森林禽、森林猪、森林马、蜜蜂、冷水鱼等特色养殖，加强养殖技术推广，突出产品生态特色。

（四）着力发展经济林果产业

加强野生经济林果资源保护管理，加大经济林果培育力度，选择具有地域特色的经济林果品种，建设定向培育、集约经营、优质高产的高纬度寒地特色经济林果基地，建设以呼中林业局、塔河林业局、加格达奇林业局、阿木尔林业局、图强林业局、漠河林业局为中心的野生浆坚果生态产业园。充分利用现有生产基地进行品种筛选，提高人工种植品种质量，扩大种植规模，做大做强以笃斯越橘、蓝靛果忍冬、偃松、榛、沙棘等果用林培育为主，辅以胡枝子等蜜源植物培育的经济林果产业，增加经济林果产业比例，壮大特色经济林果产业。

（五）着力发展涉林产品精深加工产业

加强与国内外大型制药和食品加工企业合作，围绕中药材、浆果坚果、食用菌等产业，加强优质资源整合，创新开发保健类、养生类、美容类等特种功能新型林特产品。鼓励中药企业在产地建设加工基地，加强采收、净选、切制、干燥、分级、保鲜、包装等设施建设，支持合作社、种植大户等发展初加工。加快木材加工企业转型升级步伐，推进技术集成应用，推动装配式木结构建筑产业发展。提升剩余废旧木质材料综合利用水平，强化木质资源综合利用能力，以塔河林业局为中心建设生物质能源产业园。加大大兴安岭旅游纪念品开发力度，设计推出一批具有林区自然地域特色的木雕（根雕）、桦树皮制品、玉石雕刻、北沉香加工、烫画、灵芝画等工艺品，丰富大兴安岭旅游伴手礼及"后备箱工程"，推动产业集群发展。

（六）规范引导发展绿色矿业

将矿泉水作为绿色矿业的重要发展方向，全面掌握矿泉水资源底数，加强水源地保护，研究规范林区矿泉水开发准入机制；整合大兴安岭林业集团公司矿泉水开发要素，打造中高端寒地矿泉水，推动矿泉水产业提档升级；结合林区笃斯越橘、红豆、桦树等有机林产品，研发矿泉水深加工产品，提高矿产品附加值。科学开发利用林区矿产资源，有序适度推进矿产资源扩储工作，加强煤矿产量调控，提高资源利用效率，严格规范矿产资源开发秩序和开采行为。按照生产集约高效化、矿山建设生态化、资源配置市场化的发展理念，促进林区煤炭行业转型升级，加快煤矿智能化建设改造，积极预防和减少矿业活动对环境造成污染和破坏，建立健全绿色矿山管理制度。

二、提升产业发展动力活力

（一）打造产业发展示范精品

培育一批特色鲜明、示范作用和辐射能力强的产业示范基地和示范项目，引领带动林区产业发展规模和经济效益。依据资源禀赋、区域优势、产业基础，合理确定区域性主导产业，集中优势资源，打造现代化林业产业园区、林业产业重点龙头企业、国家林下经济示范基地、农产品优势区；推进森标产品认证，创建国家绿色、有机食品示范基地，明确基地产业定位；加快产业发展，推进措施落地，强化产业项目管理，建立重点产业招商引资项目库，依托产业链实现精准招商。

（二）整合资源培育龙头企业

优先支持林业产业龙头企业发展，为龙头企业引进战略伙伴、开拓市场牵线搭桥，支持龙头企业联合组建大型企业联盟，增强龙头企业市场竞争力，鼓励有条件的龙头企业实施"走出去"战略，依托龙头企业的发展壮大形成大兴安岭林区的拳头产品和优势产业，拓展延伸产业链条。支持培育以林业局和林场为主导的企业发展，开发特色森林生态产品和优质服务，丰富现有产品类别，提升产品质量；组建专业化、市场化的营销公司（团队），加强与全国林草系统机关部门、事业单位、企业的联系，鼓励发展订单式、定制式销售模式，持续开拓并巩固形成稳定的销售渠道。

（三）完善特色品牌体系建设

加强与大兴安岭地区、黑龙江省工商、商务等部门的对接合作，以优质森林生态产品和服务为依托，以大型优势企业为支撑，以区域特色为亮点，规范大兴安岭区域公用品牌管理，加快大兴安岭+企业双品牌体系建设，完善品牌管理措施；健全品牌保护体系，开展品牌保护监管，联合打击侵权行为，加强知识产权保护，维护品牌影响力。引导企业提高品牌意识，瞄准林区重点特色产品，实施品牌行动计划，加大品牌培育投入。

三、营造良好产业发展环境

（一）完善产业发展配套服务

加强与银行、保险、担保等不同类型金融机构的交流合作，加强金融产品创新，开发定向金融产品，更好地满足林业资源培育和利用的多元融资需求，提升产业发展金融服务保障。促进林区物流中心优化布局，与地方政府共建区域性物流中心，持续完善基础设施建设。依托大兴安岭中药材交易集散中心，开展中药材产品展示、仓储、交易工作。建立健全与大型物流企业的利益联结机制，提高物流效率、降低物流成本，增强产品市场竞争力。

（二）畅通产业营销环节

创新发展林区产品和服务的营销模式，依托微信公众号、抖音短视频等新媒体平台开展宣传推广，创新消费方式、延长消费时长；发展林产品"新零售"，实现精准化、个性化产品销售。拓宽产销渠道，引导经营主体与物流配送中心、商品采购中心、大型特产超市、电商平台对接，开展多种方式线上线下对接，发挥网红主播营销优势作用。利用驻外办事机构的"窗口"优势，增强产品宣传力度，拓宽产品销售渠道。重视产业会展平台，组织涉林经营主体参加中国林产品交易会、中国义乌国际森林产品博览会等国家级林业产业重点会展，增强企业、产品的市场影响力。

四、推动生态产品价值实现

（一）明确产品类型和权属

1. 建立生态产品目录清单

按照生态产品价值实现的理论要求，摸清黑龙江省大兴安岭重点国有林区生态产品资源数量分布与质量等级，开展生态产品类别与可利用资源边界调查工作，建立网格化与动态化的资源监测和评估体系，瞄准供给和需求两端，形成国有林区生态产品目录清单。

2. 明晰生态产品资源产权

国有林区应该配合国家相关部门做好行政权力和林业资源的合理划分，确保林业碳汇资源所有权精确到位，避免出现缺位、越位、错位。黑龙江省大兴安岭重点国有林区利益相关方协同制定生态产品资源产权管理实施细则，明确生态产品资源使用权权能发展目标和措施，探索和创新生态产品权能运用。

（二）大力提升生态碳汇能力

1. 提升生态系统碳汇增量

科学编制黑龙江省大兴安岭重点国有林区林草碳汇行动方案或林草碳汇中长期发展规划，确定森林、湿地、草原等生态系统参与实现碳达峰碳中和目标的路径。科学恢复林草植被，充分考虑大兴安岭地区立地条件，以水定绿，宜乔则乔、宜灌则灌、宜草则草，不断增加植被总量。积极开展以增加碳汇为目标的森林质量精准提升工程，加强中幼龄林抚育和退化林修复，优化森林结构，促进林木生长，持续提升森林生态系统固碳能力，努力提高森林碳汇增量，增加碳汇供给。开展生态系统碳汇潜力评价研究,科学预测生态系统碳汇量。加强大兴安岭地区寒温带针叶林等生态碳汇能力的基础研究与技术开发,不断提升大兴安岭地区生态系统气候的适应性与韧性。

2. 减少林草碳排放

科学开展生态系统保护与修复,探索基于自然的解决方案,加大对碳汇密度高、生物多样性丰富的生态系统的保护、修复和连通力度,减少生态系统退化引起的碳库损失。全面落实停止天然林商业性采伐政策,严格落实国土空间用途管制,严禁擅自改变林地、草地和湿地的用途和性质,严厉打击违法违规占地、滥采乱伐,减少林地流失、森林破坏导致的碳库损失。建立健全湿地保护修复制度,全面保护自然湿地,严格湿地用途监管,减少破坏湿地导致的碳库损失。加强智能森林防火系统、专业队伍和设施设备的建设,加强林草重大有害生物监测、管控和防治,强化林草生物灾害监测预警,不断提升绿色防治水平,减少因灾害导致的碳排放。

3. 打造低碳国有林区样板

调整和优化林区产业结构,逐渐淘汰和升级高耗能产业,加快发展生态旅游、森林康养、森林食品、生物质能源等低碳林草产业,提升林草资源综合利用水平,推进林业"三剩物"、废弃木质材料等回收利用,采取环境友好型森林经营措施,推广清洁生产技术和环保设备,严格节能降耗减排,建立起林区绿色低碳循环发展的经济体系。提高绿色能源使用比例,在锅炉和煤场等基础设施设备改造提升中,提高环境相关标准和能源利用率,协同开展污染防治攻坚战,实现减污降碳协同效应。把环境、社会和治理(ESG)价值理念纳入大兴安岭林业集团公司环境责任和治理体制构建当中,率先打造低碳国有林区,开展低碳林场试点建设,探索零碳发展模式,建设森林、湿地自然公园碳汇科普基地。

(三)稳步推进林草碳汇开发

1. 推进碳监测与数据库建设

积极开展林业碳汇资源的综合调查,实施黑龙江省大兴安岭重点国有林区森林、湿地、草原等各类碳库全覆盖专项监测,全面客观地反映生态系统碳储量和碳汇量现状、分布及变化情况,摸清家底。开展天地空一体化林草碳汇精细监测与制图,研发多尺度林草碳汇计量与核算方法,完善大兴安岭重点国有林区的林业碳汇基础参数模型库。依托大数据和互联网技术形成数据完备、口径一致、便于管理的林业碳汇资源信息数据库，建成黑龙江省大兴安岭重点国有林区碳汇定量估算平台、碳汇数据库和碳汇一张图。加强计量监测机构能力建设，强化装备配备、人才培养、技术培训和平台建设，提升支撑保障能力。

2. 打造碳汇开发人才队伍

尽快培养引进一批林业碳汇管理和专业技术人才，发挥科研院所、大专院校人才优势，建立林草碳汇专家智库。强化基层林草碳汇人才队伍建设，围绕林草碳汇重点工作需求和短板，组织开展和鼓励参加形式多样的专题培训，包括碳达峰碳中和、碳汇基础知识、碳汇林经营、碳市场交易政策、项目方法学、项目开发等。加强央企合作、校（院）企合作，支持设立短期或长期聘用制流动岗位，支持林草碳汇科技、管理和政策领域人员流动和交流。

3. 创新研发适合国有林区资源特色和管理体制的碳汇项目方法学

加快研发天然林保护与质量提升、退化湿地修复等方法学，积极向林草碳汇主管部门申报新方法学。结合国有林区实际，制定碳普惠方法学，重点围绕灌木林经营、经济林经营、木材替代、自然保护地管理等碳汇项目方法学，为将国有林区更多林草资源纳入碳汇项目开发提供基础。

4. 合理开发森林碳汇项目

完善黑龙江省大兴安岭重点国有林区林业碳汇管理体系，按照新发布的造林碳汇项目方法学的标准，优先推进大兴安岭图强林业局和十八站林业局的造林试点项目建设，加快推进现有碳汇量签发交易。同时，发挥林区丰富碳库优势，厘清黑龙江省大兴安岭重点国有林区可作为碳汇项目开发的森林资源，建立碳汇资源和项目数据库，完善林业碳汇经济发展的基础档案。以森林经营碳汇项目和造林碳汇项目开发为重点，结合各个林业局森林资源类型等实际情况，识别符合项目开发方法学要求的森林地块，与专业咨询机构和审定核证机构等合作，逐步开发和储备森林碳汇项目，积极推进项目交易。探索建立区域性碳普惠交易市场（中心），辐射东北国有林区、服务东北振兴战略和国家绿色低碳循环发展经济体系，吸引履约企业、自愿减排企业、社会公众购买林区碳汇产品，努力将碳资源向碳资产转变，实现林区生态产品价值。充分整合财政资金、自筹资金、社会资金等，不断拓宽投融资渠道，强化林业碳汇项目开发资金保障。

5. 合理发展"林业碳汇+"产业

结合黑龙江省大兴安岭重点国有林区特色，科学发展"林业碳汇+林下经济"产业，重点包括道地中药材、林下养殖、森林食品等。适度发展"林业碳汇+林业第三产业"，加快发展森林旅游、森林康养、自然教育等，实现碳汇林高效利用。创新发展"林业碳汇+金融"产业，依托黑龙江省绿色金融发展基础，结合黑龙江省相应的配套政策，重点发展林业碳汇信贷、林业碳汇债券、林业碳汇保险、生态银行、林业碳汇项目股权融资等。探索发展"林业碳汇+保护补偿"，拓展个人认购与社会集体组织认购碳汇的制度空间，尝试将公益诉讼案件中赔偿义务人认购碳汇作为生态环境恢复的替代方案。

第三节 更加关注保障和改善民生福祉，筑牢高质量发展稳定基石

一、做好相对困难群体兜底保障

（一）做好相对困难群体摸清排查工作

明确相对困难群体规模、数量、分布情况，建立相对困难群体管理档案。聚焦混岗职工与全民职工同工不同待遇问题、同一林区存在多套社会保障体制问题、林业职工与地方部门职工待遇差异问题、一次性安置人员补贴标准偏低问题、国家福利政策难以享受问题，找准解困脱困的突破口和关键点，为因地制宜、因人施策，逐个解决相对困难群体的困难问题奠定基础。

（二）引导相对困难群体发展民生产业

结合黑龙江省大兴安岭重点国有林区林情社情，整体把握、规划和引导林区产业发展，形成规模化和集约化生产局面，鼓励相对困难群体在"生态优先"的前提下因地制宜地利用林地林木资源，探索打造具有低成本、低门槛特点的林下种植、林下养殖、林下采集加工和旅游项目，提供给林区职工多样化的生计选择，并提供生产要素支持、技术指导和市场信息，减少相对困难群体产业发展顾虑，充分释放相对困难群体创业潜力。充分发挥天然林保护修复政策的作用，在

做好生态保护修复工作的同时，注重发挥天保工程等大型生态工程的民生功能，将造林和森林抚育岗位配置向相对困难目标群体适当倾斜，与相对困难群体签订较为长期的合同。面向不同相对困难群体分别组织职业技术培训、家庭生产经营培训、再就业技能培训，发放相关技能技术书籍，组织专业技术人员开展上门指导服务。充分利用抖音、微信视频号、小红书等新兴媒体平台，扩展销售渠道，构建完整的产销链条。此外，还要注重引导相对困难群体转变思想观念，树立正确的就业择业观。

（三）建立健全帮扶和补助补贴体系

加大对相对困难群体解困脱困工作的支持力度，逐步建立起由定期帮扶向常年帮扶、生存救助向发展援助、经济帮扶向创业指导转变的相对困难群体帮扶工作机制。同时，完善补助补贴机制，提高补助补贴标准，统筹做好相对困难群体解困脱困工作与各项民生政策的精准衔接，整合相关政策、项目、资金，逐步提高森林抚育补助标准、对季节性下岗人员给予失业补贴、对地处高寒地带的林业职工发放御寒津贴和取暖补助等，建立和完善资金专款专用、严格审批、实名制管理等工作制度。

二、构建国有林区新型社区

（一）协同做好社会服务

加强横向协调，森林集团应加强与地委、行署保持常态化的会商互访、信息共享等机制，畅通领导层面的沟通对接，积极开展深度合作，推进林区"三供一业"等社会职能移交，协调地方政府将国有林区供水、供热等社会服务事项以及经济发展纳入地方"十四五"规划，推动林区林场纳入乡村振兴战略统一规划实施，进一步加大地方政府对国有林区道路、通讯等公共基础设施建设投入，切实提升林区社会管理和教育、医疗等公共服务水平，建设宜居林区。

（二）提升生态宜居水平

推动林区建设与乡村振兴战略的有效衔接，协同加强污水、垃圾环境问题综合治理，加强面源污染防治，共同实施垃圾场选址和建设。同时，以便民、利民、惠民为宗旨，会同有关部门继续加强老旧小区改造等配套设施建设，共同完善林区公共服务设施。协同推进村屯绿化，美化居民生活环境，共同提升生态宜居水平。

（三）共同建设森林城镇

充分发挥林区丰富的森林资源优势，共同打造林区特色城镇。优化城镇绿化美化格局，积极发展以森林文化、森工文化为主题的自然公园、休闲广场，注重自然要素与人文要素有机融合，突出差异化和特色化建设，推动城镇森林生态服务均等化进程，持续改善职工群众生产生活环境。

三、着力打造特色林场

（一）实施美丽林场建设行动

科学合理地对企业职工和林区人口进行导流，有效衔接乡村振兴，通过协同实施风貌整治、污染防治、垃圾处理等措施，打造绿色型、景观型、服务型中心林场，开展美丽林场创建行动。

（二）实施林场文化繁荣行动

充分创新利用旧场址，实施翻新改造和升级，建设多功能森林文化展馆、森工文化博物馆、知青文化体验基地，开办森林人家、特色民宿等多种文化型体验场所，繁荣林区森林文化。

（三）实施林场特色品牌打造行动

提升林场创业发展能力，突出实施差异化发展策略，结合实际和需求建设观光型、体验型、探险型等多样化的特色林场，塑造林场特色品牌，打造丰富多彩的林区特有名片。

（四）实施平安林场创建行动

开展"平安林场"创建活动，送温暖、办实事，及时化解各类矛盾纠纷，创造安业、安居、安康、安心的良好环境，不断提升职工群众的获得感、幸福感和安全感。

四、全面弘扬林区生态文化

(一)强化文化引领

传承弘扬大兴安岭精神,加强企业文化建设,打造有凝聚力、创造力的核心企业文化。通过发掘、培育、打造生态文化品牌,举办技能竞赛、最美网络主播、最美管护员等评比系列活动,充分展示大兴安岭林业集团公司践行习近平生态文明思想的丰硕成果,塑造企业精神,丰富企业文化,加强企业宣传,引领职工精神导向、价值取向。深度挖掘林区特色生态文化和人文地理资源,通过讲历史、选典范、学精神,让职工尤其是年轻职工真正成为具有归属感、认同感和荣誉感的林区人,不断增强大兴安岭林业集团公司的凝聚力和向心力,全面展示大兴安岭林业集团公司发展的风采变化,让林区特有的生态文化成为林区从绿色转型向绿色崛起进阶的助推器,展现特色生态文化在林区发展的独特价值。

(二)创新科普文化宣教与示范

创新科普宣教形式,联合教育部门开展林草科普研学游活动,发布林区不同季节的优质研学游目的地、路线和指南。通过开通林区官方移动新媒体账号,强化线上线下结合,制作系列短视频等影像资料,组织开展内容丰富、形式多样的科普宣传活动,将科普带进基层、带进校园、带到百姓身边,不断提升人民群众的林草生态科学素质。

第四节 深入推进国有林区治理体系和治理能力现代化,健全高质量发展四梁八柱

一、完善企业运行体制机制

(一)加强党的全面领导

将党建工作总体要求纳入公司章程,创新基层党建工作方式方法,强化党的

领导和企业治理的融合统一，发挥大兴安岭林业集团公司党委的领导核心和政治核心作用，使党组织成为企业法人治理结构的有机组成部分。实施"政治领航"工程，全面加强理论武装，加强党性教育、法治教育、警示教育，扎实推进行政管理系统廉政建设，引导大兴安岭林业集团公司上下坚定理想信念，正确履行职责，增强担当意识。深入推进模范机关建设，打造国家林业和草原局党建业务"双促进双提升"的样板典范。实施"党建筑魂"工程，健全完善基层组织，推动大兴安岭林业集团公司基层党支部标准化规范化建设达到90%以上。积极探索"智慧党建"等党员教育管理新方式、新办法，提高党员教育培训管理水平。加强对"一把手"和领导班子考核监督，制定出台《大兴安岭林业集团公司加强对"一把手"和同级领导班子、下级领导班子监督办法》，加大对各级党组织指导和考核力度，压紧压实管党治党责任。

（二）深化企业体制改革

结合大兴安岭林业集团公司发展规划，充分利用"1+N"工作方法，健全完善以企业章程为核心的林业公益类现代企业制度体系，构建各负其责、协调运转、科学高效的法人治理结构。制定出台《大兴安岭林业集团公司规章制度管理办法》，加快大兴安岭林业集团公司内设机构及二级法人机构设立，制定人员分类分层管理和考核制度，加强组织保障。严格法人治理结构的事权划分，明确董事会、经理层、监事会、党组织和职工代表大会的组织架构、决策流程，促进上下层级的联动协同。推进市场化经营体制的转变，落实"三重一大"制度，深化劳动、人事、分配制度改革，优化要素资源配置。推进大兴安岭林业集团公司层面明确出资人，实现企业转制，调整薪酬分配体系，逐步实现因岗定人、以岗定薪、优劳优得。强化项目、财务、运营、投资等的专业管理和集中管控，搭建支持大兴安岭林业集团公司中长期发展战略的集团化市场化运营模式。

（三）强化内部运行流程控制

以大兴安岭林业集团公司主责主业和战略目标为导向，加强经济运行管理。科学设定经营管理数据分类统计标准，强化企业数据统计规范，定期开展经济运行和内外部环境分析，加强经济运行等关键绩效目标的量化管理。创新管理理念和管理信息化手段，搭建政务管理信息共享平台和数字化林业管理平台，持续优化企业流程管理。完善企业内部监督体系,加强纪检、审计及法律、财务和安全生产等部门的监督职责,实行风险管控和审计监督全覆盖。将大兴安岭林业集团公司项目、资金、资产和人事管理全部纳入林草生态网络感知系统,加强纪检、审计及法律、财务和安全生产等部门的监督职责,实行风险管控和审计监督全覆盖。实施"清风净土"工程,深化"四责协同",建立切实可行的责任追究制度,将资源保护发展责任落实与绩效考核等挂钩。持续释放越往后执纪越严的强烈信号,强化监督结果运用。

(四)构建"小总部、大产业"格局

坚持强化统筹的原则,加快推动"三转三改三提升",全面转思想、转思路、转机制,重塑优化大兴安岭林业集团公司总部职能,建立总部权力清单,明晰总部与所属单位的权责边界,实现决策与监督分离、管理与服务分离。推动国有自然资本的盘活,支持向国家储备林、林业碳汇、生态旅游和森林康养、民生林业等战略性新业态集中发力,高效推进业务整合、产业融合,构建"小总部、大产业"的发展模式,大力服务国家战略和区域协调发展战略,实现从"管企业"到"管资本"的转变。

(五)加强安全生产责任体系建设

坚持人民至上、生命至上的理念,筑牢安全生产"底线思维",构建安全生产工作新格局。构建"党政同责、一岗双责、齐抓共管、失职追责"的安全生产责任体系,强化"重要节点、重点行业、关键环节、重点岗位"的管控措施力度,常态化开展督导检查、指导服务,形成"层层负责、人人有责、各负其责"的全员安全生产工作格局。落实安全风险分级管控和隐患治理双重预防机制,严格执行隐患问题登记销号制度和重大隐患挂牌督办制度,推进安全生产应急指挥系统建设。加大安全生产和安全保卫科技投入力度,依托林草生态感知系统,推进大兴安岭林业集团公司、林业局、林场三级联动安全生产应急指挥系统建设,逐步实现"扩展管理视野、增强管理水平、提高应急能力、强化工作效能、节约行政成本、预防事故发生、减少事故损失"的管理目标。

二、健全生态保护修复制度

（一）完善资源保护发展责任制

健全完善森林、湿地、草原资源保护发展责任制，推行资源保护发展网格化管理和目标责任书制度，合理划定责任区域，明确责任主体和职责。严格执行森林资源保护发展目标责任制，建立健全切实可行的监督检查机制和责任追究制度，将资源保护发展责任落实与生态产品质量、公共服务水平、企业运营效率、林区民生保障程度和国有资产保值增值等绩效挂钩。强化涉林草案件的自查和整改力度，坚决遏制破坏资源违法行为。

（二）健全考核评价制度

组织成立考核评价制度领导小组，完善考核评价制度体系，强化企业生态保护修复、自然资源管控、节能减排等约束性指标考核，保证考核评价的制度化、常态化、客观性、公正性，及时反馈考核评价结果。将考核结果与干部选拔任用相结合，建立健全考核结果奖惩制度。充分发挥考核评价对生态保护修复工作的导向、激励和约束作用。坚持"一把手"负总责，强化领导干部责任意识。

（三）推动多元化生态补偿机制完善

加强自然资源资产产权登记管理，确保自然资源资产归属清晰、权责明确。积极探索生态系统服务价值核算。将资源开发过程中的生态环境投入和修复费用纳入资源开发成本，落实资源开发补偿制度。加强与流域上下游政府间的沟通协作，坚持"谁开发谁保护、谁受益谁补偿"，探索建立以流域、功能区为区域载体的横向生态补偿的利益协调机制和成本共担、效益共享、合作共治的生态保护治理长效机制。遵循市场规律，发展社会援助、产业投资、对口协作、人才培养等多元化补偿方式。大力发展林业碳汇产业，推进林业碳排放权抵消机制，发挥碳汇市场在生态建设、修复和保护中的补偿作用。

三、加强资源利用监管制度

（一）加强资源利用管理

强化森林经营方案的科学编制和实施，重视森林经营方案实施评估和森林资源保护发展监管，强化国有森林资源管理绩效的考核。科学编制和严格执行林地保护利用规划，大力推进"以规划管地、以用途管地"，加强对历史遗留的熟化宜农林地和耕地监管，继续开展"绿盾"等专项行动，确保森林资源安全，杜绝蚕食和乱占林地等行为。严格林地用途管制，在第三次全国国土调查的基础上配合自然资源部门完成林地林木确权登记。加强野生林下资源等合理开发利用监管，健全林业资源利用监督长效机制。完善林业资源用途管理制度，落实林业资源用途登记、管制强度等措施，严格限制用途转用。落实损害赔偿与责任追究制度，依法行使索赔权利或承担相应赔偿责任。

（二）推动自然资源资产化管理

注重运用经济手段加强对自然资源的保护利用，优化自然资源资产化管理模式。依法依规探索林地经营权内部流转交易，促进生产要素配置；探索招投标、拍卖等竞争性方式，推动国有林区自然资源有偿使用机制建立，支持配合国家林业和草原局尽快出台《国有森林资源有偿使用制度改革方案》，鼓励1~2个林业局开展改革试点，研究制定《大兴安岭林业集团公司国有森林资源有偿使用实施方案》，推动资源节约和有序开发利用；探索开展自然资源资产核算、自然资源资产负债表编制，将资源当作资产、资本进行管理，推动自然资源资产、资本的合理流动优化配置。

（三）完善巡查巡护监管制度

充分利用卫星遥感、无人机、大数据、3S等高新科技手段和林草生态网络感知系统，强化对森林、湿地、草原等自然资源的巡查、巡护和监管。合理划分全面巡查巡护和重点巡查巡护区域，明确巡护监管范围和路线，合理配备巡查巡护人员和装备、设备。加强对森林、湿地、草原等资源干扰和破坏信息的搜集，建立健全及时发现、有效制止破坏自然资源违法行为以及定期记录报告的机制，提升巡查巡护效率。坚持各级领导参与、检查巡查巡护工作等制度，加大监督力度。

（四）用好用足林长制

准确把握国有林区特点，建立健全国有林区林长制机制，进一步明确大兴安岭林业集团公司与大兴安岭地区行政公署的责权范围和边界。大兴安岭林业集团公司应该突出制定森林经营方案和实施森林管护与经营，并围绕林地资源、林木和非林木资源开展制定和落实林业产业发展规划等职责目标。进一步优化国有林区林长制工作目标，强化森林生态保护与修复的首要目标地位，更好地兼顾森林工业型企业经济绩效目标、林区民生福祉目标等。接续完善林长制工作会议机制、信息公开机制和调研巡察机制，探索构建社会参与机制、共建共享机制。加强林长制信息公开平台、林长制 app 等新型数字化平台与工具的应用。

（五）构建公众参与监督机制

加强生态保护和资源利用的知识、法律法规普及，借助媒体舆论监督作用，提高公众生态保护意识。结合大数据、移动互联网等技术，创新参与监督方式，探索建立制度性的公众参与监督机制，强化企业社会责任的落实。完善生态信息公开制度，构建公开透明的信息环境，保证公众的生态知情权、参与权、表达权和监督权。畅通公众参与监督渠道，引导公众依法行使生态监督权。加快推进林地信访维稳联席制度建设，坚持分类处置，坚持依法依规决策，引导信访群众理性合法反映诉求，营造依法行政、依法办事、依法信访的良好氛围。

四、强化企业法治体系建设

（一）健全法律风险防范机制

探索大兴安岭林业集团公司合规管理体系建设，深度融合法治建设和企业经营，全面增强企业法治意识、诚信意识和契约意识。遵循章程、依法合规，推进重大事项事前决策、事中实施、事后评估的全流程合规控制，强化对法律风险的全方位防范和动态化监控，及时防范处置重大法律纠纷，从源头上防范企业运行的法律风险。高度重视生态保护修复工程管理、产品质量、国有自然资源资产资本、财务税收、劳动用工、安全生产、国际合作等重点领域和重要环节的法律风险识别和应对。健全企业制度实施监督机制，增强制度的刚性约束。按照"业务工作谁主管、风险防范谁负责"的原则，建立健全大兴安岭林业集团公司领导人员法律风险防范责任制，严格落实问责制度，强化责任追究。

（二）加大违法违规事件打击问责力度

加强与林政执法部门的沟通协调、信息共享、联动配合，积极探索林政执法权移交后案件处理的高效联动、快速响应的新模式和新机制。加强对盗伐滥伐林木、违法猎捕野生动物、滥挖野生植物、违法使用林地的重点区域和保护管理对象的排查、巡查和监督，突出警示作用，降低违法犯罪风险。加强职务犯罪预防，加强与纪检、审计、税务等执法执纪部门的协调配合，加大对企业内部失职渎职等违法违规行为的监督问责力度。

（三）夯实企业法治文化根基

加强法律宣传与其他部门的协同联动，将法治学习作为大兴安岭林业集团公司党委理论学习中心组学习、管理培训、职工教育的必修课。充分利用电视、报纸、网站、微博微信等媒体媒介，创新创作形式加强法治宣传教育，做到学习制度化、培训具体化、宣教日常化、形式多样化、全员覆盖化，大力培育"依法、合规、公平、诚信"的法治理念，筑牢企业上下依法治林、依法治企的思想基础，强化企业法治文化建设，提升大兴安岭林业集团公司依法经营能力。

五、深化对外开放合作交流

（一）加强境外交流合作

牢固树立开放共赢理念，积极实施"引进来"和"走出去"战略，构建国内外全域、多渠道、全方位的合作格局。推动共建"一带一路"，加强与俄罗斯等国家的沟通交流，推动技术、设备、材料和劳务等作为投资资本开展资源优势互补，加强林业投资贸易、森林防火、生态保护修复、打击木材非法采伐、边境陆生野生动物疫源疫病监测防控等方面的对外交流与合作。协同推动对俄外贸口岸建设和漠河边民互市贸易区设立，加强物流仓储中心基础设施建设和境外现代产业园区建设，合理开发利用境外资源，促进向东北亚开放重要窗口这一建设目标的实现。

（二）全面落实区域协调发展战略

加强与黑龙江省、内蒙古自治区政府的沟通协调，建立重大事项联席会商机制，搭建局省共商共建共享平台。深化对口合作，大力发掘绿色食品、森林康养和生态旅游、水经济、生物医药、农业等产业合作潜力，以重点项目为依托，提高基础设施、资源要素、公共服务连通性，着力构建区域协作支撑、互利共赢的一体化发展格局，全面促进东北振兴。

第五节　全面提升支撑保障能力，营造高质量发展利好环境

一、健全森林防灭火体系

（一）搭建智能森林防灭火系统

加强与应急、公安、气象等部门协作，积极推进森林防灭火一体化和能力建设。以大兴安岭林业集团公司为主体，各林业局承担辖区范围内建设内容，与本地现有系统设备相结合，按照上下一盘棋、一个标准、一个频率、参数设计统一的建设标准，加快组建"天空塔地"四位一体的林草生态网络森林防火感知系统和雷击火监测定位系统。重点加强森林防火监控体系、森林防火综合调度系统、应急通信指挥系统等方面建设内容。开展森林火险监测预报与火灾早期精准探测技术研究。

（二）加强森林防灭火体系标准化建设

加快推进森林防灭火体系标准化建设，在制度建设、人员装备、训练标准、防火宣传等方面实现规范统一。制定出台森林防灭火体系标准化建设方案，统一规范基础设施建设及装备配备标准，全面提高专业森林消防队伍建设装备配备水平。创新森林防火宣传形式，结合不同防区的区情、社情开展特色鲜明、富有成

效的防火宣传，构建"人防、物防、技防"的森林防灭火标准化体系，全面提高森林防灭火综合能力。

（三）加强森林防灭火专业队伍建设

全面提高指挥员、专业扑火队员、专业人才三支队伍的专业技术水平，打造专业化技能、现代化装备、科技化手段于一体的防灭火专业队伍。建立以水灭火、索滑降、机械化灭火突击队等特种专业队伍，制定出台专业森林消防队伍训练大纲，规范专业队伍训练内容，切实提高专业扑火队伍整体体能技能。加快森林消防队伍年龄结构的优化，逐步构建以年轻人员为中坚力量的专业队伍。全面提升地空协同、指挥高效的林火扑救能力。

（四）完善森林防灭火设施建设

积极争取项目资金，逐步提升森林防火应急道路、直升机停机坪、取水池、瞭望塔等基础设施建设水平。加强物资储备库建设，储备及更新必要的扑火物资。新建国家级森林防火野外实训基地、野外综合训练场和扑火前指基地，按标准建设营房等驻训设施，配备高效的消防装备。加强无人机队伍建设，完善雷电监测设备，强化火情预警巡护和火场侦查，进一步提升森林防灭火监测和指挥调度能力。

二、高效开展有害生物防治

（一）搭建高效监测防治体系

坚持"预防为主，科学防治，依法监管，强化责任"的方针，建立健全大兴安岭林业集团公司有害生物防治机构，完善三级测报网络，强化监测预警、检疫御灾、防治减灾体系建设。加强基础设施建设，建立快速反应和长效控制机制，全面提升应对突发重大林业有害生物灾害控制能力，推动森林生态系统治理水平和治理能力现代化。

（二）加强重大有害生物防控

利用无人机等先进手段，做好林业鼠害、落叶松毛虫、樟子松梢斑螟、樟子松叶部病害等主要林业有害生物的监测预报和预防除治工作。重点抓好松材线虫病等重大外来有害生物的防控，贯彻落实《蒙辽吉黑四省（区）松材线虫病疫情联合执法行动方案》。

三、加快推动科技创新

（一）建立健全科技创新机制

完善国有林区科技管理机制，组织开展科技发展战略研究，制定具备实操性的科技发展规划，建立科技需求征集制度和科技成果管理制度，形成科技需求项目库和成果推广库。创新科技合作机制，推进产学研深度融合，深化大兴安岭林业集团公司与高校科研院所开展的实质性产学研合作。依托中国林业科学研究院、中国林学会等国家引智基地，引进研究区林草资源保护修复需要的外部智力资源，积极争取国家林业引智项目。通过产学研交流、校企联盟等机制，加强与中国科学院、中国林业科学研究院、国家林业和草原局华东调查规划院，以及东北林业大学、北京林业大学等林业科研院校的科技创新合作，推动开展产学研合作项目。建立科技项目评审制度，遵循实施立项申报、中期检查、财务专项审查、验收等程序，对科技项目绩效情况进行评价，提高科研产出和科技推广效率。

（二）加强科技创新与推广平台建设

加快推进森林和湿地生态系统国家定位观测研究站、国家林业与草原长期科研基地建设，实施生态系统长时间序列监测与评价示范，推进木结构工程技术中心建设，强化木结构制品关键技术研究与产业化。以基地和中心为平台，制定适宜大兴安岭林区生态保护与资源可持续利用的高质量技术标准体系。重视科技成果转移转化和推广，将林草新科技、新成果、新技术通过多层次的科技示范区、示范园推广到林草资源保护修复过程中，强化科技与林草事业发展的联系。建立健全林草科技推广体系，实施科技下基层的机制，定期派林草科技特派员、技术骨干深入基层林场，将科技直接送到山头地块，促进林草科技成果的推广应用。

（三）加强重大科学研究和关键技术攻关

加强目标、问题、需求导向，鼓励高等院校、科研院所科研人员深入研究区开展基础研究。聚焦研究区高质量转型发展急需解决的重点问题开展科技攻关，重点围绕大兴安岭寒温带生态系统保护与修复、森林防火、森林培育经营、森林质量精准提升、林木良种选育及种子园建设、林草有害生物精准监测与防治、生态主导型产业发展中的重大、关键、共性技术难题开展工作。

四、强化人才队伍建设

（一）优化人才队伍结构

创新人才队伍建设，制定科技创新人才和干部培养计划，实施一系列人才引进、培养和上岗的优惠政策，形成具有一定规模和高质量的人才队伍，大力培育行业领军人才和创新团队。创新合作方式，通过外聘合作等方式构建由创新型高端人才队伍组成的专家智库。积极引导转岗职工掌握新技能、新方法，充分发挥本地人才技术技能优势与特长，努力打造一支既包含高技能、会经营、善管理的复合型人才队伍。坚持人尽其才、才尽其用，依据职工的专业知识、性格特征、能力特长等，科学设置和分配岗位，激发人才工作热情与潜力。

（二）打造高效人才培养体系

抓学历培训、抓岗位技能培训、抓学术交流，积极鼓励和支持职工继续深造。在业务提升和培训上，采取"请进来、走出去"相结合方式，促进双向交流，开阔视野，增加信息量。积极与高等院校、科研院所、社会林业经营主体等建立合作机制，推进产学研深度融合，通过科技下企业、下林场等活动，开展联合办学、在职教育、专业知识培训以及林草技术研发推广，提高国有林区职工素质与能力。立足自身优势，积极探寻自身科研潜力，引导国有林区骨干力量参与科研项目，围绕国有林区生态保护建设和产业发展开展科技攻关，探索与林业院校合作培养国有林区人才队伍新模式。鼓励研究区林草行业干部到上级林草主管部门和直属单位挂职锻炼，支持上级林草主管部门和直属单位干部和科研院校高层次人才到黑龙江省大兴安岭重点国有林区挂职锻炼或任职。

（三）建立引人留人长效机制

结合现代企业建设，加快企业管理人才队伍的建设，积极推动经营管理人才职业化发展，积极发展专业性、行业性人才。深化大兴安岭林业集团公司薪酬制度改革，强化稳岗留人硬实力。创新企业人事管理制度，转变干部任用模式，灵活机动的选人用人，激活企业发展引擎。全力推进干部职工队伍年轻化、知识化、专业化建设，立足大兴安岭林业集团公司主责主业和优势产业发展，积极探索人才的引进、培育、留住办法，探索设立"大兴安岭林业集团公司人才基金"，加大与大中专院校合作，建立人才引进绿色通道，注重年龄、专业、性别及性格结构，进一步优化林业局职工队伍结构，形成良好的人才梯队。健全研究区职业技能等级评价机构，完善人才治理制度，明确青年人才待遇、晋升渠道和激励评价机制等，为人才创造有利空间和环境，使人才真正引得到、留得住、使用好，保持企业活力。

五、推进信息化建设

（一）加快推进数字化林业信息建设

紧紧围绕大兴安岭林业集团公司数字化改革"纵到底、横到边"的目标，统筹林业局及直属部门，按照"以用促建、共建共享"的原则，建设完善基础设施、数据资源、应用支撑、业务应用、政策制度、标准规范、组织保障、网络安全"四横四纵"八大体系；建设森林资源监测、森林资源管护、野生动植物保护、森林生态修复、湿地及保护区监测、林业有害生物预防监测、碳汇计量监测等感知体系，构建实时感知、精准监测、高效评估的工程体系，通过数据集成分析和综合应用，实现大兴安岭林业"一张图"，为重要生态系统保护和重大生态修复工程实施提供科学、有效的数据支持。实现与国家林业和草原局、所辖林业局、林场互联互通，全面服务大兴安岭林业集团公司各部门，有效支撑大兴安岭林业集团公司数字化管理转型，促进林业决策科学化、办公规范化、监督透明化、服务便捷化，开启林业资源智慧管理模式。

（二）建立生态网络感知系统

以森林防火网络感知系统项目建设为依托，以"设备共享、资源共享、网络共享"为基本原则，对营林、资源、防火等运营信息化系统和大兴安岭林业集团公司管理信息化系统进行深度融合、共同建设，实现以森林防火为中心，以人力资源、财务和项目等管理系统信息化为支撑的"一体两翼"感知体系，整合资源，信息共享，逐步满足大兴安岭林业集团公司辅助部门管理信息化的需求，打造健壮稳定、集约高效、自主可控、安全可信、开放兼容的一体化、智能化企业管理信息化平台。

（三）建立特色产业大数据服务平台

拓宽电子商务发展模式，为中药材、森林旅游、特色经济林、花卉苗木等林草产业发展提供大数据支撑，通过大数据反馈的市场信息，掌握了解市场和消费者精准需求；通过商务平台探索特色林产品定制业务，根据消费者大数据优化森林旅游产品，针对特殊消费者发展定制森林旅游路线和服务，不断拓展特色林产品内外双循环发展潜力。

六、完善基础设施建设

（一）维修改造办公场址基础设施

加强与地方政府的协作与联动，加快开展政企分离后办公场所的新建与翻修，重点对业务用房进行维修改造。推进大兴安岭林业集团公司本部及相关单位、各林业局和林场办公场所基础设施建设，重点对供暖设施、给排水设施、道路、垃圾处理、业务用房、卫生场所、场区场地、绿化硬化亮化设施等进行维修改造，打造优良的企业办公环境和形象。

（二）升级改造资源管护监管设施

在公益林、天然林和保护区内新建一批永久管护用房和移动管护用房，购置相应管护设备。将原有林政木材检查站调整为森林资源检查站，注重检查站检查能力建设，加大固定和流动检查站交通工具、现代检查装备及生活设施的投入。加强管护人员的技术培训，提高管护人员的业务水平和整体素质。建立和完善森林管护定位跟踪信息管理系统，准确、及时地掌握森林资源的动态变化、森林火灾及有害生物发生的变化与防治效果、森林经营管护情况等信息，为森林管理决策提供依据。

(三) 完善林区路网建设

加强防火道路建设，进一步提高林区防火道路网密度，全面提高森林火灾的综合防范能力。加强和改善林区公路建设，重点加大通场公路、营林、防火专用道路和林业产业节点等道路的养护和建设力度，形成上连市区、外连周边县市、覆盖林区的公路交通网络，以满足林区生产生活生态等多种功能用途的需要。积极拓展投入渠道，逐步建立林道网建设和维护养护长效机制。精准评估建设所需资金，按需投放。

主要参考文献

安虎森，汤小银，2021. 新发展格局下实现区域协调发展的路径探析 [J]. 南京社会科学，（8）：29-37.

曹吉鑫，田赟，王小平，等，2009. 森林碳汇的估算方法及其发展趋势 [J]. 生态环境学报，18（5）：2001-2005.

曹娟娟，王玉芳，2020. 我国重点国有林区转型能力评价与预测 [J]. 世界林业研究，33（6）：110-114.

陈凤娣，廖萍萍，2022. 共享经济发展的特征、问题与对策：基于生产关系变迁视角 [J]. 亚太经济，（4）：125-133.

陈健，郑诚晓，吕海燕，2020. 东莞市城市产业结构转型升级问题研究 [J]. 知识经济，（19）：16-17.

陈科屹，刘润华，张博，等，2021. 武汉市环城林带森林碳储量及其动态变化 [J]. 水土保持研究，28（2）：54-59，66.

陈科屹，何友均，谢和生，等，2022a. 黑龙江省大兴安岭重点国有林区复合系统耦合协调发展评价与预测 [J]. 生态与农村环境学报，38（5）：578-586.

陈科屹，王建军，何友均，等，2022b. 黑龙江大兴安岭重点国有林区森林碳储量及固碳潜力评估 [J]. 生态环境学报，31（9）：1725-1734.

陈秋星，陈少晖，2023. 共同富裕耦合协调度：理论逻辑、水平测度与区域差异 [J]. 统计与决策，39（24）：41-46.

程和元，李国平，1999. "一多二并"战略：中国区域经济协调发展战略的新构想 [J]. 当代经济科学，21（4）：33-36.

程祺，2010. 基于主体功能区的甘肃省区域协调发展研究 [D]. 兰州：兰州大学.

邓聚龙，2005. 灰色系统基本方法 [M]. 武汉：华中科技大学出版社.

丁建海，2011. 长三角地区电子产业的 FDI 技术溢出效应实证研究 [D]. 长沙：湖南大学.

杜钰玮，万志芳，2019. 黑龙江省国有林区林业产业转型路径选择的研究 [J]. 林业经济问题，39（3）：247-255.

樊杰，王红兵，周道静，等，2022. 优化生态建设布局 提升固碳能力的政策途径 [J]. 中国科学院刊，37（4）：459-468.

范恒山, 2012. 国家区域政策与区域经济发展 [J]. 甘肃社会科学, (5): 77-80.

范恒山, 2022. 促进区域协调发展的任务重点 [J]. 区域经济评论, (3): 5-7.

范琳, 2019. 山西省天然林保护工程综合效益评价 [J]. 西北林学院学报, 34 (3): 265-272.

方精云, 刘国华, 徐嵩龄, 1996. 我国森林植被的生物量和净生产量 [J]. 生态学报, 16 (5): 497-508.

方精云, 朱江玲, 石岳, 2018. 生态系统对全球变暖的响应 [J]. 科学通报, 63 (2): 136-140.

冯丹娃, 刘向越, 曹玉昆, 2022. "双碳"目标下重点国有林区后发优势研究 [J]. 学习与探索, (4): 148-152.

冯娟, 2022. 新发展格局构建下的高质量发展: 社会再生产视角 [J]. 经济理论与经济管理, 42 (1): 35-50.

盖美, 胡杭爱, 柯丽娜, 2013. 长江三角洲地区资源环境与经济增长脱钩分析 [J]. 自然资源学报, 28 (2): 185-198.

干勇, 尹伟伦, 王海舟, 等, 2021. 支撑高质量发展的标准体系战略研究 [J]. 中国工程科学, 23 (3): 1-7.

高帆, 2021. 基于社会主要矛盾转化深刻理解我国高质量发展内涵 [J]. 上海经济研究, 33 (12): 14-21.

高国力, 李天健, 孙文迁, 2018. 我国城市群的基本特征、主要问题及对策思路（上）[J]. 中国发展观察, (1): 44-46.

高旭, 刘艳, 2020. 全面停伐背景下内蒙古国有林区经营管理体制改革问题 [J]. 内蒙古民族大学学报（社会科学版）, 46 (2): 108-113.

龚超, 刘春雨, 张萌珺, 等, 2022. 基于耦合协调理论的卫生资源配置和区域经济协同发展的空间格局与演进趋势分析 [J]. 中国卫生经济, 41 (3): 40-45.

顾培亮, 2008. 系统分析与协调: 第二版 [M]. 天津: 天津大学出版社.

顾云春, 1985. 大兴安岭林区森林群落的演替 [J]. 植物生态学报, 9 (1): 64-70.

郭杰, 杨杰, 程栩, 2013. 货币供给内生环境下财政对内需的影响研究 [J]. 经济理论与经济管理, 33 (5): 68-81.

郭岩, 2017. 生态文明视域下黑龙江林区森林文化建设研究 [D]. 哈尔滨: 东北林业大学.

郭焱, 周旺明, 于大炮, 等, 2015. 长江上游天然林资源保护工程区森林植被碳储量研究 [J]. 长江流域资源与环境, 24 (S1): 221-228.

国家发展和改革委员会应对气候变化司, 2014. 中国温室气体清单研究 [M]. 北京: 中国环境出版社.

国家林业和草原局, 2019. 中国森林资源报告: 2014—2018 [M]. 北京: 中国林业出版社.

郝立丽, 李凌寒, 张滨, 等, 2021. 黑龙江省林下经济与生态环境系统耦合协调发展研究 [J]. 林业经济问题, 41 (2): 128-135.

何继善，王孟钧，王青娥，2009. 工程管理理论解析与体系构建［J］. 科技进步与对策，26（21）：1-4.

何韵，费梓萱，叶新建，等，2022. 天保工程碳汇价值评估及对"碳中和"的意义研究［J］. 公共管理学报，19（2）：154-163，176.

胡海清，罗碧珍，魏书精，等，2015. 大兴安岭5种典型林型森林生物碳储量［J］. 生态学报，35（17）：5745-5760.

胡会峰，刘国华，2006. 中国天然林保护工程的固碳能力估算［J］. 生态学报，26（1）：291-296.

华国振，2007. 基于非均衡发展理论的区域物流优化策略［J］. 黑河学刊，（6）：23-24.

黄龙生，王兵，牛香，等，2017. 天保工程对东北和内蒙古重点国有林区保育土壤生态效益的影响［J］. 中国水土保持科学，15（5）：67-77.

金旻，2021. 天然林保护始终坚持以人民为中心［N］. 中国绿色时报，2021-07-30（2）.

柯水发，王宝锦，朱烈夫，等，2018. 我国国有林区产业转型困境解析与路径选择［J］. 世界林业研究，31（5）：44-50.

兰月竹，吕杰，2013. 辽宁林业现代化评价指标体系构建与评价：以辽宁省抚顺市清原满族自治县为例［J］. 沈阳农业大学学报（社会科学版），15（2）：153-157.

李朝洪，赵晓红，2019. 黑龙江省森工国有林区生态建设与经济转型协调发展研究［J］. 南京林业大学学报（自然科学版），43（2）：144-152.

李朝洪，孙丹，王志伟，2020. 大小兴安岭国有林区产业转型绩效的驱动与障碍因素诊断［J］. 东北林业大学学报，48（5）：133-138.

李朝洪，韦唯，刘舒欣，2021. 国有林区天然林资源保护工程绩效评价：以黑龙江省重点国有林区为例［J］. 林业科学，57（4）：153-162.

李朝洪，韦唯，姜钰，2022. 黑龙江省天保工程区绩效评价及其障碍因子甄别［J］. 南京林业大学学报（自然科学版），46（5）：201-212.

李朝霞，2014. 基于生态功能区建设的国有林区社会转型研究［D］. 哈尔滨：东北林业大学.

李德立，曹莹，2019. 黑龙江森工林区接替产业发展评价［J］. 林业经济问题，39（3）：231-237.

李海奎，雷渊才，2010. 中国森林植被生物量和碳储量评估［M］. 北京：中国林业出版社.

李洪山，高尚，2019. 国有林区政府公共服务绩效评估指标设计研究：以黑龙江国有林区政府为例［J］. 林业经济，41（11）：43-48，96.

李兰冰，2020. 中国区域协调发展的逻辑框架与理论解释［J］. 经济学动态，（1）：69-82.

李奇，朱建华，冯源，等，2018. 中国森林乔木林碳储量及其固碳潜力预测［J］. 气候变化研究进展，14（3）：287-294.

李铁英，白冰，2017. 黑龙江省大兴安岭国有林区全面停伐背景下的困境与发展路径［J］.

林业资源管理，（3）：17-19，68.

刘博杰，逯非，王效科，等，2016. 中国天然林资源保护工程温室气体排放及净固碳能力［J］. 生态学报，36（14）：4266-4278.

刘博杰，逯非，王效科，等，2017. 森林经营与管理下的温室气体排放、碳泄漏和净固碳量研究进展［J］. 应用生态学报，28（2）：673-688.

刘培林，钱滔，黄先海，等，2021. 共同富裕的内涵、实现路径与测度方法［J］. 管理世界，37（8）：117-129.

刘普，李雪松，2009. 外部性、区域关联效应与区域协调机制［J］. 经济学动态，（3）：68-71.

刘倩倩，朱洪革，崔希洙，2023. 黑龙江省国有林区生态产业化发展水平测度及障碍因子分析［J］. 林业经济问题，43（3）：327-336.

刘迎春，于贵瑞，王秋凤，等，2015. 基于成熟林生物量整合分析中国森林碳容量和固碳潜力［J］. 中国科学：生命科学，45（2）：210-222.

刘迎春，高显连，付超，等，2019. 基于森林资源清查数据估算中国森林生物量固碳潜力［J］. 生态学报，39（11）：4002-4010.

刘峥晖，谢彦明，支玲，2016. 云南省林业现代化评价指标体系的构建与实证分析［J］. 林业经济问题，36（2）：103-108.

鲁春阳，文枫，杨庆媛，等，2011. 基于改进TOPSIS法的城市土地利用绩效评价及障碍因子诊断：以重庆市为例［J］. 资源科学，33（3）：535-541.

吕洁华，刘艳迪，王潇涵，2019. 基于灰色马尔科夫模型的林业产业结构变动趋势预测：以黑龙江省国有林区为例［J］. 中南林业科技大学学报，39（9）：122-128.

吕薇，2013. 基于城市体系视角的中国城市土地利用变化研究［D］. 重庆：西南大学.

马建堂，2019. 伟大的实践 深邃的理论：学习习近平新时代中国特色社会主义经济思想的体会［J］. 管理世界，35（1）：1-12.

马文学，2012. 伊春国有林区生态保护与经济转型问题研究［D］. 哈尔滨：东北林业大学.

马艳梅，吴玉鸣，吴柏钧，2015. 长三角地区城镇化可持续发展综合评价：基于熵值法和象限图法［J］. 经济地理，35（6）：47-53.

毛锦凰，2021. 乡村振兴评价指标体系构建方法的改进及其实证研究［J］. 兰州大学学报（社会科学版），49（3）：47-58.

苗洁，吴海峰，2014. 中国区域协调发展研究综述［J］. 开发研究，（6）：1-5.

宁可，沈月琴，朱臻，等，2014. 农户杉木经营的固碳能力影响因素及碳供给决策措施［J］. 林业科学，50（9）：129-137.

欧光龙，唐军荣，王俊峰，等，2010. 云南省临沧市膏桐能源林造林碳汇计量［J］. 应用与环境生物学报，16（5）：745-749.

彭荣胜, 2009. 区域经济协调发展内涵的新见解 [J]. 学术交流, (3): 101-105.

秦会艳, 关赢, 黄颖利, 2018. 黑龙江省国有林区贫困-生态系统恢复力测度与影响机制 [J]. 生态与农村环境学报, 34 (9): 821-829.

秦会艳, 关赢, 黄颖利, 2020. 国有林区缓解贫困与生态保护共生协调度及应用研究 [J]. 中国农业资源与区划, 41 (6): 172-178.

覃成林, 张华, 张技辉, 2011. 中国区域发展不平衡的新趋势及成因: 基于人口加权变异系数的测度及其空间和产业二重分解 [J]. 中国工业经济, (10): 37-45.

屈红军, 孙晓新, 2021. 大兴安岭过火区不同森林生态系统碳储量的变化 [J]. 东北林业大学学报, 49 (1): 112-116.

全毅, 2022. 中国高水平开放型经济新体制框架与构建路径 [J]. 世界经济研究, (10): 13-24, 135.

任保平, 2022. 从中国经济增长奇迹到经济高质量发展 [J]. 政治经济学评论, 13 (6): 3-34.

任保平, 何苗, 2019. 高质量发展背景下中国经济差距的时空演化及其影响机理分析 [J]. 西安交通大学学报 (社会科学版), 39 (6): 47-57.

任海军, 王艺璇, 2021. 乡村振兴战略下的西部数字普惠金融效率测度及影响因素研究 [J]. 兰州大学学报 (社会科学版), 49 (5): 40-48.

任继勤, 夏景阳, 2017. 基于碳密度-林龄关系的黑龙江省森林碳汇潜力预测 [J]. 环境科学研究, 30 (4): 552-558.

史山丹, 赵鹏武, 周梅, 等, 2012. 大兴安岭南部温带山杨天然次生林不同生长阶段生物量及碳储量 [J]. 生态环境学报, 21 (3): 428-433.

孙佳政, 2021. 基于耦合协调理论的高速铁路多席别分时定价策略研究 [D]. 北京: 北京交通大学.

孙姗姗, 朱传耿, 2006. 论主体功能区对我国区域发展理论的创新 [J]. 现代经济探讨, (9): 73-76.

万志芳, 周也, 2020. 东北内蒙古国有林区资金投入与成效分析 [J]. 林业经济问题, 40 (6): 651-658.

王博雅, 2021. 创新型制造业高质量发展: 特征事实、驱动因素与要素支撑 [J]. 中国软科学, (10): 148-159.

王崇梅, 2010. 中国经济增长与能源消耗脱钩分析 [J]. 中国人口·资源与环境, 20 (3): 35-37.

王非, 朱震锋, 曹玉昆, 2016. 基于结构转换视角的中国重点国有林区经济转型发展路径分析 [J]. 世界林业研究, 29 (2): 60-64.

王虹, 2010. 利用"脱钩"理论对我国经济增长与能耗关系的测度 [J]. 软科学, 24 (9):

23-27, 38.

王茜, 2018. 浙江省产业结构与人口结构的耦合研究 [D]. 金华: 浙江师范大学.

王廷惠, 2022. 以更加"成熟定型"的社会主义基本经济制度增强社会主义现代化的动力和活力 [J]. 南方经济, (12): 1-10.

王瑶, 黄贤环, 2021. 企业高质量发展的指标体系构建与实现路径 [J]. 统计与决策, 37 (12): 182-184.

王业强, 郭叶波, 赵勇, 等, 2017. 科技创新驱动区域协调发展: 理论基础与中国实践 [J]. 中国软科学, (11): 86-100.

王玉芳, 2006. 国有林区经济生态社会系统协同发展机理研究 [D]. 哈尔滨: 东北林业大学.

王玉芳, 徐永乐, 2014. 生态功能区建设下国有林区产业转型效果评价: 以大兴安岭林区为例 [J]. 林业经济, 36 (5): 26-31.

王玉芳, 周妹, 曹娟娟, 2015. 大小兴安岭国有林区经济转型与经济增长的关系分析 [J]. 林业经济问题, 35 (2): 127-132.

王玉芳, 周妹, 李静, 2016. 大小兴安岭国有林区转型发展进程评价 [J]. 林业经济, 38 (10): 22-27.

王玉芳, 周妹, 曹博, 等, 2018. 黑龙江省国有林区经济转型对经济内生增长的影响研究 [J]. 林业经济, 40 (5): 103-112.

王震, 刘伟平, 翁凝, 2015. 南方集体林区林业产业发展水平综合评价与分析 [J]. 林业经济问题, 35 (1): 68-74.

卫兴华, 2016. 把发展生产力与发展社会主义生产关系和上层建筑统一起来 [J]. 求实, (8): 37-42.

魏后凯, 张燕, 2011. 全面推进中国城镇化绿色转型的思路与举措 [J]. 经济纵横, (9): 15-19.

邬晓霞, 2011. 多中心空间开发战略研究: 以大郑州都市区为例 [J]. 地域研究与开发, 30 (5): 21-25, 102.

吴丹, 2014. 中国经济发展与水资源利用脱钩态势评价与展望 [J]. 自然资源学报, 29 (1): 46-54.

吴新星, 张文娴, 2024. 城市平台型治理效能的生成机理: 社会系统论视角下的多维耦合框架 [J]. 中国城镇化研究, (1): 203-228.

吴燕生, 2019. 基于系统工程方法论的企业发展战略 [J]. 中外企业文化, (11): 5-15.

夏锦文, 2018. 现代化陷阱: 类型识别及中国应对 [J]. 现代经济探讨, (6): 1-7.

夏艳艳, 关凤利, 冯超, 2022. 新时代中国区域协调发展的新内涵及时代意义 [J]. 学术探索, (3): 45-53.

相恒星, 王宗明, 毛德华, 2021. 东北地区天然林资源保护工程生态保护成效分析 [J]. 中国科学院大学学报,38(3):314-322.

谢彦龙,2017.陕西省区域创新与经济发展耦合协调性研究[D].西安:西北大学.

徐康宁,2014.区域协调发展的新内涵与新思路[J].江海学刊,(2):72-77,238.

徐玮,孔祥慧,包庆丰,2018.中国林业现代化水平的地区差异及动态演进研究[J].林业经济问题,38(4):86-90,111.

徐文铎,何兴元,陈玮,等,2008.中国东北植被生态区划[J].生态学杂志,27(11):1853-1860.

徐现祥,王贤彬,高元骅,2011.中国区域发展的政治经济学[J].世界经济文汇,(3):26-58.

徐晔,喻家驹,2020.区域人力资本就业配置与全要素生产率[J].当代财经,(1):114-125.

余亮亮,蔡银莺,2015.政策预期对耕地保护经济补偿政策农户满意度影响的实证研究:以成都市耕地保护基金为例[J].中国土地科学,29(8):33-40.

余永琦,王长松,彭柳林,等,2022.基于熵权TOPSIS模型的农业绿色发展水平评价与障碍因素分析:以江西省为例[J].中国农业资源与区划,43(2):187-196.

袁富华,李兆辰,2024.系统论视角下构建高水平社会主义市场经济体制的理论与实践[J].中国特色社会主义研究,(5):46-53,2.

袁惊柱,2018.区域协调发展的研究现状及国外经验启示[J].区域经济评论,(2):132-138.

曾伟生,陈新云,蒲莹,等,2018.基于国家森林资源清查数据的不同生物量和碳储量估计方法的对比分析[J].林业科学研究,31(1):66-71.

翟绪军,王慧婷,林红,2020.天保工程对国有林区林业产业结构变迁的影响研究[J].林业经济问题,40(6):609-617.

张滨,吕洁华,2020.要素投入驱动、产业结构升级与林业经济增长的空间效应解析:以黑龙江省重点国有林区为例[J].林业科学,56(6):142-151.

张春华,王莉媛,宋茜薇,等,2018.1973—2013年黑龙江省森林碳储量及其动态变化[J].中国环境科学,38(12):4678-4686.

张慧,2016.中部地区资源型城市城市化与生态环境耦合协调关系研究[D].太原:山西大学.

张巍,胡鞍钢,叶子鹏,2021.发展社会主义文化生产力:新中国70年总结与展望[J].财经问题研究,(1):3-13.

张文斌,陈英,张仁陟,等,2013.基于脱钩分析方法的耕地占用与经济发展的关系研究:以甘肃省康乐县为例[J].自然资源学报,28(4):560-570.

张逸如,刘晓彤,高文强,等,2021.天然林保护工程区近20年森林植被碳储量动态及碳汇

（源）特征［J］．生态学报，41（13）：5093-5105．

张颖，李晓格，温亚利，2022．碳达峰碳中和背景下中国森林碳汇潜力分析研究［J］．北京林业大学学报，44（1）：38-47．

张煜星，王雪军，2021．全国森林蓄积生物量模型建立和碳变化研究［J］．中国科学：生命科学，51（2）：199-214．

张煜星，王雪军，蒲莹，等，2021．1949—2018年中国森林资源碳储量变化研究［J］．北京林业大学学报，43（5）：1-14．

张志达，2002．天保工程的实施背景、进展及对策［J］．林业经济，24（1）：36-39．

赵福生，师庆东，衣怀峰，等，2015．克拉玛依造林减排项目温室气体（GHG）减排量计算［J］．干旱区研究，32（2）：382-387．

赵宏波，魏甲晨，孙东琪，等，2021．大城市内部"生产-生活-生态空间"多尺度耦合协调度：以郑州市为例［J］．资源科学，43（5）：944-953．

赵苗苗，赵娜，刘羽，等，2019．森林碳计量方法研究进展［J］．生态学报，39（11）：3797-3807．

赵霄伟，2021．新时期区域协调发展的科学内涵、框架体系与政策举措：基于国家发展规划演变的研究视角［J］．经济问题，（5）：24-30．

赵晓红，2019．黑龙江省森工国有林区生态建设与经济转型协调发展研究［D］．哈尔滨：东北林业大学．

郑树峰，王丽萍，臧淑英，2021．大兴安岭天保工程区生态系统服务变化研究［J］．地理科学，41（7）：1295-1302．

中国政府网，2011．国家林业局权威解读天然林资源保护工程二期政策［EB/OL］．［2011-05-17］．https：//www．gov．cn/govweb/gzdt/2011-05/17/content_1865437．htm．

周妹，2017．黑龙江省国有林区经济转型的内生增长研究［D］．哈尔滨：东北林业大学．

周士元，2019．高管的政治关联对上市公司并购绩效的影响研究［J］．经济研究导刊，（7）：77-78．

周文，肖玉飞，2021．共同富裕：基于中国式现代化道路与基本经济制度视角［J］．兰州大学学报（社会科学版），49（6）：10-20．

周小亮，2020．包容性绿色发展：理论阐释与制度支撑体系［J］．学术月刊，52（11）：41-54．

周晓桂，2019．经济新常态下我国收入分配制度改革的再思考［J］．宏观经济管理，（9）：51-58．

周银香，2016．交通碳排放与行业经济增长脱钩及耦合关系研究：基于Tapio脱钩模型和协整理论［J］．经济问题探索，（6）：41-48．

朱洪革，马田宇，王政，2020．东北国有林区天保工程二期民生影响评价［J］．林业经济问题，40（6）：602-608.

朱洪革，马田宇，孟辰雨，等，2021. 重点国有林区社会职能移交对职工主观福祉的影响 [J]. 林业经济问题，41（3）：232-238.

朱甲羽，2008. 河南区域经济协调发展状况评价研究 [D]. 南昌：南昌大学.

朱万泽，2020. 成熟森林固碳研究进展 [J]. 林业科学，56（3）：117-126.

朱晓柯，万志芳，2019. 林业生态、产业和民生系统耦合协调的动态演进：以黑龙江省国有林区为例 [J]. 统计与信息论坛，34（2）：55-63.

朱晓柯，鄢大瑜，许毅峰，等，2016. 海林市猴头菇种植户的收益及其影响因素研究：基于OLS模型的估计 [J]. 中国林业经济，（4）：53-57, 68.

朱炎亮，2016. 劳动力流动、城乡区域协调发展的理论分析 [J]. 经济科学，（2）：5-17.

朱震锋，曹玉昆，2017. 东北国有林区经济增长与木材资源消耗的脱钩路径研究. 林业经济问题，37（4）：7.

朱震锋，曹玉昆，王非，等，2016a. 基于效率评价的国有林区经济转型发展动力分析 [J]. 林业经济问题，36（4）：295-301.

朱震锋，曹玉昆，王非，等，2016b. 重点国有林区产业结构综合效益的影响及评价 [J]. 林业经济问题，36（2）：156-161.

邹玉友，李金秋，田国双，2020. 基于可行能力理论的国有林区主观福祉影响因素实证分析：全面停止天然林商业性采伐的视角 [J]. 林业科学，56（10）：154-164.

Adams W M, Brockington D, Dyson J, et al., 2003. Managing tragedies: understanding conflict over common pool resources [J]. Science, 302 (5652): 1915-1916.

Avitabile V, Camia A, 2018. An assessment of forest biomass maps in Europe using harmonized national statistics and inventory plots [J]. Forest Ecology and Management, 409: 489-498.

Becken S, 2005. Harmonising climate change adaptation and mitigation: the case of tourist resorts in Fiji [J]. Global Environmental Change, 15 (4): 381-393.

Cohen S, Eimicke W B, 2019. Management Fundamentals [M]. New York: Columbia University Press.

Fang J Y, Kato T, Guo Z D, et al., 2014. Evidence for environmentally enhanced forestgrowth [J]. Proceedings of the National Academy of Sciences of the United States of America, 111 (26): 9527-9532.

FAO, 2020. Global Forest Resources Assessment 2020, Main Report [R]. Rome: FAO.

Green J K, Keenan T F, 2022. The limits of forest carbonsequestration [J]. Science, 376 (6594): 692-693.

Guillet J E, 1974. Plastics, energy, and ecology- a harmonious triad [J]. PlasticsEngng, 30: 48-56.

Haywood A, Stone C, 2017. Estimating large area forest carbon stocks: a pragmatic design based strategy [J]. Forests, 8 (4): 93-99.

Hungelmann J, Kenkel-Rossi E, Klassen L, et al., 1985. Spiritual well-being in older adults: harmonious interconnectedness [J]. Journal of Religion and Health, 24 (2): 147-153.

Hurteau M D, 2017. Quantifying the carbon balance of forest restoration and wildfire under projected climate in the fire-prone southwestern US [J]. PLoS One, 12 (1): e0169275.

Jiang L H, Zhao W, Lewis B J, et al., 2018. Effects of management regimes on carbon sequestration under the Natural Forest Protection Program in Northeast China [J]. Journal of Forestry Research, 29 (5): 1187-1194.

Kallio A M I, Salminen O, Sievänen R, 2016. Forests in the Finnish low carbon scenarios [J]. Journal of Forest Economics, 23: 45-62.

Kovanda J, Hak T, 2007. What are the possibilities for graphical presentationof decoupling? An example of economy-wide material flow in dicators in the Czech Republic [J]. Ecological Indicators, 7 (1): 123-132.

Lipton M, Jarrett H, 1968. Environmental quality in a growing economy [J]. The Economic Journal, 78 (310): 440-442.

Magnani F, Dewar R C, Borghetti M, 2009. Leakage and spillover effects of forest management on carbon storage: theoretical insights from a simple model [J]. Tellus: Series B Chemical and Physical Meteorology, 61 (2): 385-393.

Neumann M, Echevemas S, Hasenauer H, 2023. A simple concept for estimating deadwood carbon in forests [J]. Carbon Management, 14 (1): 2197762.

OECD. 2002. Indicators to Measure Decoupling of Environmental Pressures from Economic Growth [R]. Paris: OECD.

Pickett J A, Wadhams L J, Woodcock C M, 1997. Developing sustainable pest control from chemical ecology [J]. Agriculture Ecosystems and Environment, 64 (2): 149-156.

Reinmann A B, Hutyra L R, Trlica A, et al., 2016. Assessing the global warming potential of human settlement expansion in a mesic temperate landscape from 2005 to 2050 [J]. Science of the Total Environment, 545/546: 512-524.

Schmidt-Bleek F, 1993. Wieviel Umwelt braucht Der Mensch? MIPS-Das Mass für ökologisches Wirtschaften [M]. Basel, Boston, Berlin: Birkhäuser Verlag AG.

Sharma T, Kurz W A, Stinson G, et al., 2013. A 100-year conservation experiment: impacts on forest carbon stocks and fluxes [J]. Forest Ecology and Management, 310: 242-255.

Steinberger J K, Roberts J T, 2010. From constraintto sufficiency: the decoupling of energy and carbonfrom humanneeds, 1975-2005 [J]. Ecological Economics, 70 (2): 425-433.

Timmermann V, Dibdiakova J, 2014. Greenhouse gas emissions from forestry in east Norway [J]. The International Journal of Life Cycle Assessment, 19 (9): 1593-1606.

von Weizscker E U, Lovins A B, Lovins L H, 1997. Factor Four: Doubling Wealth, Halving Resource Use [M]. London: Earthscan.

Wang J, Feng L, Palmer P I, et al., 2020. Large Chinese land carbon sink estimated from atmospheric carbon dioxide data [J]. Nature, 586 (7831): 720-723.

Wernick I K, Kauppi P E, 2022. Storing carbon or growingforests? [J]. Land Use Policy, 121: 106319.

Yao Y T, Piao S L, Wang T, 2018. Future biomass carbon sequestration capacity of Chinese forests [J]. Science Bulletin, 63 (17): 1108-1117.

Yin Y H, Ma D Y, Wu S H, 2018. Climate change risk to forests in China associated with warming [J]. Scientific Reports, 8 (1): 493.

Zhou W M, Lewis B J, Wu S N, et al., 2014. Biomass carbon storage and its sequestration potential of afforestation under natural forest protection program in China [J]. Chinese Geographical Science, 24 (4): 406-413.